THE  TIMES

CODEWORD

Book 12

THE ✱ TIMES

CODEWORD

Book 12

200 challenging logic puzzles from The Times

Published in 2021 by Times Books

HarperCollins Publishers
Westerhill Road
Bishopbriggs
Glasgow
G64 2QT
www.harpercollins.co.uk

HarperCollins*Publishers*
Macken House, 39/40 Mayor Street Upper,
Dublin 1, D01 C9W8, Ireland

10 9 8 7 6 5 4 3

ISBN 978-0-00-840431-4

Layout by Puzzler Media

Printed and bound in the UK using 100% renewable electricity at CPI Group (UK) Ltd

Contents

Solutions

Introduction

Introduction

A Codeword, also called Codecracker, Codebreaker and Cross Reference, is a completed crossword grid in which each letter of the alphabet has been substituted for a number from 1 to 26. There will be at least one occurrence of each letter of the alphabet, and the same number will represent the letter wherever it appears in the grid.

A standard Codeword usually gives one, two or three decoded starter letters. Your task is to use these letters to work out the identity of other letters so you can fill in the words in the grid.

To help you keep track, as you find a letter, slot it into the crossword grid and cross it off the alphabetical list. For an added challenge, beneath some of the puzzles are mystery grids. When you have solved the Codeword, simply transfer the appropriate letters into the grid to reveal a word.

Fig. 1

In Fig. 1, 1=A, 20=R and 26=E. The two words indicated by the arrows show where a start may be made by determining the letters represented by the numbers 14 and 15. The only possible combination is that 14=D and 15=N, so these letters are entered onto the grid wherever the numbers 14 and 15 occur, as in Fig. 2.

Fig. 2

By cross-referencing in this way, it's possible to gradually uncover more letters until the solution is reached.

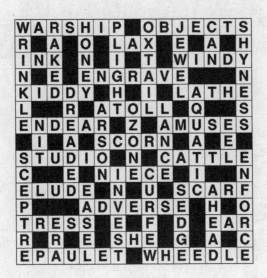

Fig. 3

The starter letters will be chosen carefully to provide a way into the puzzle without giving away too much information; don't expect all to be letters that have a high frequency in the puzzle, as in this example. As you progress through the book you will see that there are fewer starter letters as the puzzles get harder.

Enjoy!

Puzzles

Easy Codewords

1

24	26	3	12	24	18		10	25	10	2	23	18
	11		22		26		12		23		11	
18	21	23	12	12	20	12	3		16	26	2	18
	23		9		20		25		16		24	
15	26	9	4		14	25	24	19	18	4	23	24
	18 **S**		2		12						18	
19 **K**	26	6	18	19	18		9	12	24	26	2	18
	2 **T**						25		13		15	
8	26	11	17	14	26	11	17		23	4	6	11
	1		24		11		11		5		24	
1	12	2	6		4	12	25	18	25	11	2	18
	14		15		23		2		24		13	
10	7	17	11	12	2		12	9	5	24	7	6

A B C D E F G H I J K̶ L M N O P Q R S̶ T̶ U V W X Y Z

1	2 **T**	3	4	5	6	7	8	9	10	11	12	13
14	15	16	17	18 **S**	19 **K**	20	21	22	23	24	25	26

Easy

21	5	23	15	15	19	25		4	8	20	5 N	4 A
23		8		19		20	20	19		24		6 B
12	2	26	17	4	2	19		17	16	20	20	7
20		2		9		12	2	20		10		3
8	23	5	17		6			8	23	17		11
		26	4	22	23	11	12	21		21	20	20
4			13		8		8		18			5
6	3	4		20	5	19	2	14	20	5		
4		10	23	8			11		8	4	15	17
5		1		4	7	3		21		8		23
7	4	23	6	21		12	2	19	26	8	2	11
3		2		20	4	17		23		3		11
5	3	17	20	21		21	10	8	4	16	5	25

A B C D E F G H I J K L M N O P Q R S T U V W X Y Z

| 1 | 2 | 3 | 4 A | 5 N | 6 B | 7 | 8 | 9 | 10 | 11 | 12 | 13 |
| 14 | 15 | 16 | 17 | 18 | 19 | 20 | 21 | 22 | 23 | 24 | 25 | 26 |

11	12	24	25	2		1	26	18	25	26	10	25
12		1		17		12		22		6		21
2	13	2	21	26	21	20		26	20	6	7	7
6		21		6				1				22
6	24	23	23	2	8	18		12	16	18	2	22
18		1				10		6		3		4
	19	2	7	16	24	8 **R**	23 **D**	26	18	2	23	
18		21		6		24 **A**				24		18
10	24	22	22	4		16	6	24	18	22	26	10
24				3				1		18		12
8	14	26	21	7		15	2	24	22	14	2	8
24		8		7		12		5		7		8
9	8	2	2	23	2	8		2	1	16	22	4

A B C Ø E F G H I J K L M N O P Q Ŕ S T U V W X Y Z

1	2	3	4	5	6	7	8 **R**	9	10	11	12	13
14	15	16	17	18	19	20	21	22	23 **D**	24 **A**	25	26

10	1	6	10	3	12	14		10	3	21	24	1
	22		18		1 O		13		9		1	
15	21	25	1	21	16 V / N	13	21	15	13	21	25	13
	25		9		13		15				2	
18	13	3	26	5	12	1	11		22	7	13	7
	7		15				6		21		19	
		3	26	26	3	12	3	17	22	7		
	23		13		21				7		21	
10	22	21	7		21	22	12	17	22	12	13	7
	15				13		1		3		17	
15	21	5	18	13	20	15	10	15	18	15	17	19
	25		15		13		15		18		18	
4	13	3	26	7		13	21	8	19	6	13	7

A B C D E F G H I J K L M N O P Q R S T U V W X Y Z

1 O	2	3	4	5	6	7	8	9	10	11	12	13
14	15	16 V	17	18	19	20	21 N	22	23	24	25	26

11		22		14		21		2		21		26
21	16	3	13	25		1	3	13	21	13	19	21
23		15		18		26		6		16		18
11	6	15	21	1	5	25		17	9	6	13	12
5		25				22		25				3
25	7	16	18	21	22	16	3	18		2	18	13
		25		22				15		13		
3	11	11		20	2	6	17	25	18	6	13	12
18				2		13				24		25
10	6	19	19	21		1	21	15	15	3	3	13
14		25		6		18		3		18		16
21	1	15	25	13	22	25		22	21	8	25	5
13		16		16		11		4		15		9

A B C D E F G H I J K L M N O P Q R S T U V W X Y Z

1	2	3	4	5	6	7	8	9	10	11	12	13
					I							N
14	15	16	17	18	19	20	21	22	23	24	25	26
							A					

	9	23	16 (T)	20 (I)	14	10	18		15	10	4	11
11		10		22 (N)		11		23		14		20
7	20	13	7	10	14	11		21	9	10	11	16
20		10		26		10		9		5		11
17	25	22	8	25		20	22	11	16	20	18	
25				12		18		23		22		23
18	20	16	14	8	11		18	25	26	13	25	21
11		20		10		26		21				25
	11	2	4	16	3	25		9	22	11	25	16
10		24		25		25		8		9		25
19	21	20	18	18		23	9	11	16	6	9	1
10		22		4		25		18		25		16
21	8	13	11		23	21	10	4	25	21	11	

A B C D E F G H I/J K L M N O P Q R S T U V W X Y Z

1	2	3	4	5	6	7	8	9	10	11	12	13
14	15	16 (T)	17	18	19	20 (I)	21	22 (N)	23	24	25	26

7

When you have cracked the code and completed the grid, fill in the boxes at the bottom to reveal an English city.

	3	21	1	7	2		11	24	12	22	20	
11		19		17				21		17		13
6	11	9	17	2	13		2	26	17	22	13	5
11		17		13		7		15		6		26
24	21	9	2	21	14	17	7	11	22	17	21	9 **O N**
16		4		9		2		9		22		2 **S**
		24	21	13	11	6	17	22				
23		21		12		1		21		14		11
20	8	15	20	1	17	26	20	9	22	17	9	4
1		15		11		2		11		25		1
2	9	21	6	6	5		21	6	22	12	2	20
20		2		14				14		21		20
	10	20	19	20	14		18	20	6	1	11	

A B C D E F G H I J K L M N̸ Ø P Q R S̸ T U V W X Y Z

1	2 **S**	3	4	5	6	7	8	9 **N**	10	11	12	13
14	15	16	17	18	19	20	21 **O**	22	23	24	25	26

24	11	26	6	1	17	7	4	20

Easy

	1		17		4		21		10		15	
15	10	9	12	23	6		7	18	26	7	17	26
	18		23		24	13	21		23		11	
12	13	17	22		18		11		22	21	26	17
	2			6	17	4	6	23			23	
25	22	6	11	17		17		18	11	19	6	20
		9		13 R	6	23	18	16		21		
14	17	10	23	3 T		14		2	18	3	3	22
	8			25	21 O	21	3	4		21		
16	17	13	4		5		21		5	21	20	22
	13		21		5	21	13		23		18	
6	19	18	12	23	6		16	25	10	13	11	4
	4		4		13		25		20		4	

A B C D E F G H I J K L M N Ø P Q R̶ S T̶ U V W X Y Z

1	2	3 T	4	5	6	7	8	9	10	11	12	13 R
14	15	16	17	18	19	20	21 O	22	23	24	25	26

13	9	21	12	10	20	14		21	26	8	14	5
	25		22		3		23		3		3	
20	8	4	20	9	2	11	10	25	14	8	25	15
	14		17		2		18				15	
17	10	24	21	3	22	4	18		10	2	9	13
	13		3				26		26		10	
		20	3	25	7	9	10	4	3	4		
	10		14		9				25		13	
23	26	9	13		22	26	2	8	15	1	14	24
	8				26		8		22		4	
10	19	14 (T)	10	4	2	8	25	22	14	8	3	25
	8 (I)		26		13		20		10		26	
20 (C)	4	22	16	14		6	10	22	13	10	26	13

A B C̸ D E F G H I̸ J K L M N O P Q R S T̸ U V W X Y Z

1	2	3	4	5	6	7	8 (I)	9	10	11	12	13
14 (T)	15	16	17	18	19	20 (C)	21	22	23	24	25	26

Easy

24	21	21	1		1	26	16	21	15	21	11	11
	18		13		13		23		21		5	
11	20	21	16	17	11		5	7 **N**	25	5	8	21
	15		23		21		3		21 **E**			
9	2	3	11		19	26	7	19 **D**	12	13	1	1
	19		5				2				12	
19	5	11	26	19	25	26	7	8	26	3	21	19
	7				5				14		10	
26	3	5	8	26	8	2	12		26	24	13	8
			26		26		2		15		21	
26	11	6	15	13	4		2	16	21	26	7	11
	17		2		5		1		26		8	
22	5	7	7	5	7	3	11		11	26	11	23

A B C D E F G H I J K L M N O P Q R S T U V W X Y Z

1	2	3	4	5	6	7 **N**	8	9	10	11	12	13
14	15	16	17	18	19 **D**	20	21 **E**	22	23	24	25	26

	1	7	20	17	1	12		9	1	4	9	
5		5		26		26		11		18		2 **B**
9	21	9	16	12		2	5	1	3	1	22 **D**	17
16		16		22		19		16		5		17 **O**
26	24	13	24	17	14	24		12	26	12	17	5
5		20				10		9				4
	14	9	19	10	23		9	22	19	16	12	
1				5		15				23		26
16	17	5	10	19		26	5	16	23	19	24	4
19		1		8		9		9		5		26
22	5	19	8	8	20	9		20	1	5	3	1
4		4		20		24		20		26		20
	22	9	24	6		4	12	17	17	25	4	

A B̸ C Ø E F G H I J K L M N Ø P Q R S T U V W X Y Z

1	2 **B**	3	4	5	6	7	8	9	10	11	12	13
14	15	16	17 **O**	18	19	20	21	22 **D**	23	24	25	26

4	25	22	5	20	9		22	17	18	19	23	23
6			19		6		25		6			25
11		3 K	14	16	22	2	18	20	3	14		7
6	24 X	25	22 S		2		14		14	24	25	2
11		7		1	6	19	11	2		17		5
6	18	20	13	6		22		5	14	6	15	16
		5		17	18	6	12	16		21		
26	5	14	7	3		10		13	20	6	2	22
14		18		22	26	14	15	14		2		8
7	20	2	5		20		18		2	20	23	19
15		12	20	20	3	14	14	9	14	18		25
14			17		14		6		14			18
15	6	18	3	14	11		15	14	22	25	22	2

A B C D E F G H I J K L M N O P Q R S T U V W X Y Z

1	2	3 K	4	5	6	7	8	9	10	11	12	13
14	15	16	17	18	19	20	21	22 S	23	24 X	25	26

13

	19	6	3	6	22	17	21	9	20	15	6	
23		19		22		6		15		23		18
8	19	9	4	2	25	9	25	2	23	20	9	21
21				19		15		13		5		14
6	22	17	21	9	26	23	20		12	14	20	24
3		6		25		20		21 (L)		6		6
	3	6	4	6	20		25	23	9 (A)	3	25	
18		24		3		15		23		25 (T)		25
2	15	6	3		1	19	23	1	23	3	6	19
16		6		2		14		11				9
6	16	1	6	13	2	25	2	23	20	9	19	10
13		6		21		15		21		8		3
	18	19	6	6	7	11	6	6	21	6	13	

A B C D E F G H I J K L M N O P Q R S T U V W X Y Z

1	2	3	4	5	6	7	8	9 A	10	11	12	13
14	15	16	17	18	19	20	21 L	22	23	24	25 T	26

Easy

14

When you have cracked the code and completed the grid, fill in the boxes at the bottom to reveal a type of home fragrance.

5	24	8	12	15		11	24	7	2	22	4	2
2		5		12		22		22		6		9
8	11	3	5	24	13	21		9	2	2	18	9
8		15		16				9				22
22	23	2	16	8	2	4		2	16	10	3	21
2		9				5		25		3		9
	2	17	25	24	11	24	1	5	24	25	7	
9		25		16		11				5		5
15	19	2	22	26		11	3	20	2	16	8	2
5				11 **L**				3		2		4
22	11	24	1 **B**	24		22	16	16	3	21	2	4
24		16		16 **N**		14		2		2		2
15	3	16	24	8	12	15		9	2	4	22	16

A B C D E F G H I J K L M N O P Q R S T U V W X Y Z

1 **B**	2	3	4	5	6	7	8	9	10	11 **L**	12	13
14	15	16 **N**	17	18	19	20	21	22	23	24	25	26

10	3	9	9		9	15	24	14	26

	7	1	25	18	23	5	7		24	2	21	22
2		25		23 **N**		11		10		3		11
3	21	11	12 **R**	3	25 **U**	15		12	21	3	21	12
3		12		12		14		2		26		9
15	18	5	26	21		21	23	9	21	11	12	
2				1		9		25		23		7
11	13	21	23	25	21		11	20	18	9	18	20
9		17		21		10		5				11
	7	10	18	23	11	15		18	23	7	21	5
11		15		5		11		13		26		5
8	12	2	19	15		7	21	18	16	25	12	21
2		12		22		6		5		5		12
8	2	21	7		4	11	4	22	18	7	26	

A B C D E F G H I J K L M N O P Q R S T U V W X Y Z

1	2	3	4	5	6	7	8	9	10	11	12 **R**	13
14	15	16	17	18	19	20	21	22	23 **N**	24	25 **U**	26

1	17 U	9	21 E	17	1		13	10	14	7	24	5
24		11 Q		20				23		5		23
5	23	17	21	4		21	14	7	15	7	5	21
24		21		7		6		8		20		18
18	23	21	24	26	22	21		24	4	8	24	21
9		13				1		1				14
		21	11	17	7	16	16	7	20	8		
25				20		4				24		16
10	15	26	21	20		24	14	3	17	9	26	9
18		17		21		23		10		2		24
4	7	26	17	23	8	12		2	20	21	21	4
21		17		19				21		26		1
23	17	9	26	21	14		5	23	17	9	26	9

A B C D E̸ F G H I J K L M N O P Q̸ R S T U̸ V W X Y Z

1	2	3	4	5	6	7	8	9	10	11 Q	12	13
14	15	16	17 U	18	19	20	21 E	22	23	24	25	26

22		7		1		26		25		22		5
11	25	16	25	9	17	21	25	22		1	21	21
10		11		17		11		10		7		18
7	11	10	9	2	10	3		9	25	9	7	11
14				10		10				1		22
23	21	25		9	7	3	17	22	12	10	22	
		6		17				2		11		
	7	20	9	7	22	17	24	10		23	7	4
22		11				13		10				25
15	25	21	2	7		4	21	4 (P)	1 (C)	21	9	6
25		1		9		10		17		24 (V)		17
17	9	19		1	7	11	10	6	3	7	9	22
20		22		12		22		8		11		12

A B Ç D E F G H I J K L M N O P Q R S T U ý W X Y Z

1	2	3	4	5	6	7	8	9	10	11	12	13
C			P									
14	15	16	17	18	19	20	21	22	23	24	25	26
										V		

A B C D E F G H I J K L M N Ø P Q R S T Ů V W X Y Z

1	2	3	4 P	5	6	7	8	9	10	11	12	13
14 O	15	16	17	18 U	19	20	21	22	23	24	25	26

A B C D E F G H I J K L M N O P Q R S T U V W X Y Z

1	2	3	4	5	6	7	8	9	10	11	12 N	13 R
14	15	16	17	18 T	19	20	21	22	23	24	25	26

Easy

26	14	13	22	5	14	19		4	13	23	22	3
	15		18		10		12		23		16	
7	23	3	8	11	7		22	25	3	20	15	23
	20		20		4		22		4		22	
20	25	14	25	22		7	25	8	11	11	22	17
	26		4		3		22				17	
		22	16	6 **P**	22	25	7	20	2	22		
	9			21 **M**		13		14		21	
4	8	13	24	10	4 **O**	5		4	6	20	8	21
	7		8		2		22		4		22	
7	13	14	25	1	14		15	10	8	21	7	19
	10		26		10		23		3		10	
15	19	25	20	15		15	4	5	7	10	20	6

A B C D E F G H I J K L M N O P Q R S T U V W X Y Z

1	2	3	4 **O**	5	6 **P**	7	8	9	10	11	12	13
14	15	16	17	18	19	20	21 **M**	22	23	24	25	26

21

When you have cracked the code and completed the grid, fill in the boxes at the bottom to reveal an item of clothing.

	2		6		19		8		4		19	
2	18	15	23	24	21		19	4	8	16	17	3
	12		23		2		8		9		2	
15	9	20	20		26	23	24		15	16	24	3
	19				12		15				7	
10	2	21	16	12	25		19	23	20	7	2	10
			26						8			
2	26	1	14	22	2		20	9	5	25	21	19
	8				6		23				8	
16	11	8	21		6	23	5		17	9	24	14
	9		24		9		13		25		3	
5 G	20 L	8	9	26	5		16	22	16	1	2	10
	2 E		23		14		22		21		14	

A B C D E̸ F G̸ H I J K L̸ M N O P Q R S T U V W X Y Z

1	2 E	3	4	5 G	6	7	8	9	10	11	12	13
14	15	16	17	18	19	20 L	21	22	23	24	25	26

21	24	16	12	3	19	8	9	21	

Easy

8	26	26	25	26	18	17		11	3	4	19	5
19 E		16		9		19		23		26		21
5	21 I	18	4	5		26	16	13	12	11	23	6
13 T		4		19		2		17		14		19
21	22	13	19	23	1	11	25		24	19	13	5
19				1		22		3		23		
23	26	9	9	19	6		20	26	21	5	19	6
		23		5		22		25				21
3	4	16	18		5	11	25	25	17	21	22	18
26		5		7		16		21		6		21
25	21	15	16	21	6	5		19	1	21	3	13
21		16		25		19		23		26		11
3	25	19	10	13		11	9	17	5	2	11	25

A B C D E F G H I J K L M N O P Q R S T U V W X Y Z

1	2	3	4	5	6	7	8	9	10	11	12	13 T
14	15	16	17	18	19 E	20	21 I	22	23	24	25	26

	20	19	22	17	8		20	18	17	12	10	
6		22		25		7		17		9		23
25	13	10		11	25	10	3	20		13	3	10
10		10				17				1		2
20	10	2	8		13	1	5		15	17	20	8
22			18	9	5		10	12	10			1
4	13	13	25		5		10		25	9	8	10
6			10	10	1		4	17 **A**	25			4
8	9	1	10		14	10	20		14 **Y**	13	23	17
9		9				21			25 **R**		2
12	17	2		26	1	17	20	8		23	10	1
10		24		22		4		3		17		14
	22	20	9	2	23		16	13	9	2	20	

A B C D E F G H I J K L M N O P Q R S T U V W X Y Z

1	2	3	4	5	6	7	8	9	10	11	12	13
14 **Y**	15	16	17 **A**	18	19	20	21	22	23	24	25 **R**	26

12	14	21	11	25	12	20		5	11	1	4	15
	4		17		1		10		17		14	
5	4	7	25 A	21 W	17		1	26	16	25	19	25
	16		12 T		17		3		10		18	
9	17	15	2	7		5	21	25	13	13	2	3
	12		25		4		1				6	
		24	16	25	17	1	9	1	2	3		
	22				2		2		6		9	
21	14	7	23	10	25	19		16	11	11	2	7
	15		19		19		16		14		19	
3	14	8	2	19	5		7	1	5	1	19	26
	16		25		2		26		2		2	
25	5	1	3	2		18	2	5	5	2	17	5

A B C D E F G H I J K L M N O P Q R S T U V W X Y Z

1	2	3	4	5	6	7	8	9	10	11	12 T	13
14	15	16	17	18	19	20	21 W	22	23	24	25 A	26

6	7	5	16	1	16		23	8	14	21	22	16
	1		11		24		9		21		16	
15	13	19	16		16	9	9	11	25	16	19	14
	19		8		1				19		2	
6	14	21	14	13	8		21	25 **U**	14	5	23	1
		23		13		19 **N**				1	
21	17	21	1		6	13	14 **T**		21	7	6	16
	23				16		13		4			
21	8	8	16	6	6		18	25	21	1	14	20
	25		19				25		6		1	
26	11	21	2	13	23	11	13		5	23	23	3
	21		23		1		14		16		11	
4	1	23	10	6	16		12	23	2	16	11	6

A B C D E F G H I J K L M N O P Q R S T U V W X Y Z

1	2	3	4	5	6	7	8	9	10	11	12	13
14 **T**	15	16	17	18	19 **N**	20	21	22	23	24	25 **U**	26

Easy

19	26	9	12		15	18	9	24	9	
10		4		26		13		22		6 **V**
1	5	17		7	6	15	26	7	12 **D**	15 **O**
24		21		17		17		21		13
	24	7	11	8		17	19	12	7	13
		12		7		9				9
24	16	19		1	9	21	20	5	21	3
22		17			21			8		9
5	8	9	2	5	7	13		11	7	12
17				1		7		19		
12	21	7	11	13		23	15	8	9	
15		24		19		19		12		15
11	7	16	9	14	5	13		19	15	8
8		9		17		3		8		5
	17	11	19	24	17		9	25	25	24

A B C Ø E F G H I J K L M N Ø P Q R S T U Y W X Y Z

1	2	3	4	5	6 **V**	7	8	9	10	11	12 **D**	13
14	15 **O**	16	17	18	19	20	21	22	23	24	25	26

The Times Codeword

27

10	23	24	8	12		16	3	6	25	23
3		23		8		3		23		26
16	3	12	7	20	25	16		16	10	18
7		5		8		12		3		2
8	10	22		2	12	25	11	11	10	8
		23		8		5				20
3	25	12	18		16	3	2	23	19	3
9		9			12			14		6
17	15	8	3	7	18		9	10	15	8
15				23		21		25		
25	1	16 **P**	15	10	7	8		4	23	24
6		3 **A**		25		6		25		25
6	23	20 **O**		19	8	7	16	23	6	7
3		25		10		3		15		16
10	15	9	5	18		1	15	7	13	18

A B C D E F G H I J K L M N Ø P Q R S T U V W X Y Z

| 1 | 2 | 3 **A** | 4 | 5 | 6 | 7 | 8 | 9 | 10 | 11 | 12 | 13 |
| 14 | 15 | 16 **P** | 17 | 18 | 19 | 20 | 21 | 22 | 23 **O** | 24 | 25 | 26 |

Easy

28

When you have cracked the code and completed the grid, fill in the boxes at the bottom to reveal a Burmese river.

4	14	9	9	21		13	17	12	14	22
20		20		20		11		17		15
23	17	14	22 **S**	24		13	17	26	24	22
20		12 **C**				24		5		19
10	19 **H**	20	20	16	12	19	15	11	2	
20				17				12		20
16	20	22	22	17	26	22		24	15	25
16		3		1		16		20		14
20	1	14		22	12	15	26	9	15	16
9		11				26				24
	8	2	17	8	15	18	15	26	9	15
9		24		16				11		24
15	16	11	7	20		12	15	12	24	11
6		26		15		14		7		17
20	11	18	19	24		4	15	22	11	26

A B Ȼ D E F G Ħ I J K L M N O P Q R Ş T U V W X Y Z

1	2	3	4	5	6	7	8	9	10	11	12 **C**	13
14	15	16	17	18	19 **H**	20	21	22 **S**	23	24	25	26

11	2	2	15	10	15	9	9	21

16		20		4		8		13		4
4	3	3	17	10		25	17	20	10	5
22		24		10		17		25		5
4	8	26	20	24	10	5		6	17	20
25		20		8		5				19
23	4	24	5		4	12	16	24	21	7
5		10		4		17		18		23
	8 C	17	18	5	7	25	1	7	5	
10		20 U		10		23		15		11
16	24 I	5	5	7	5		5	11	20	25
25				25		5		7		20
24	25	7		24	9	18	17	25	7	23
2		25		5		4		10		24
10	16	4	18	14		25	17	21	21	5
6		5		5		7		6		16

A B C̸ D E F G H I̸ J K L M N O P Q R S T U̸ V W X Y Z

1	2	3	4	5	6	7	8 C	9	10	11	12	13
14	15	16	17	18	19	20 U	21	22	23	24 I	25	26

Easy

	11		14		13		26		4	
1	23	16	11		22	16	24	20	13	
	3		13		7		17		8	
4	2	9	9	15	23		5	11	16	25
	12		2 **U**		11 **R**		10		11	
	23	6	4	16 **A**	21	16	12	23	9	
			23		23				15	
18	2	17	11	26		7	8	16	1	7
	7				2		10			
	2	24	19	17	14	14	17	24	5	
	11		23		15		7		15	
13	14	23	24		16	24	26	15	23	7
	17		17		24		17		16	
	24	13	12	23	9		23	15	25	7
	5		10		7		7		7	

A B C D E F G H I J K L M N O P Q R S T U V W X Y Z

| 1 | 2 **U** | 3 | 4 | 5 | 6 | 7 | 8 | 9 | 10 | 11 **R** | 12 | 13 |
| 14 | 15 | 16 **A** | 17 | 18 | 19 | 20 | 21 | 22 | 23 | 24 | 25 | 26 |

8	2	26	4	21	15	2	20			22
7		19		14		2		23		11
20	2	7	13	14		19 **R**	23	18	26	9
5		13		17		17 **D**		14		21
18	16	7	18		11 **O**	13	14	19	17	11
		2		14		2				11
19	14	25	2	6		19	2	26	14	17
14				3		16		23		
12	23	20	7	11	19		23	20	17	11
14		11		19		24		14		2
4	11	23	20	26		23	20	10	7	26
26		20		14		7		23		21
18			17	19	7	1	1	25	14	18

A B C Ø E F G H I J K L M N Ø P Q Ŕ S T U V W X Y Z

1	2	3	4	5	6	7	8	9	10	11 **O**	12	13
14	15	16	17 **D**	18	19 **R**	20	21	22	23	24	25	26

Easy

	16		8		11		12		4	
10	25	9	13	12	23		21	12	11	18
	24		7		9		15		8	
15	25	23	7		5	18	12	8	16	17
			17		1		19		19	
23	12	26	12	11	18		17	24	11	22
	18								24	
17	7	24	17		15	7	14	25	17	13
	2		20 **P**		7		11			
15	1	14 **Y**	7	1	9		8	1	18	9
	12		9 **T**		9		13		11	
22	3	11	9		7	6	9	11	25	18
	9		14		21		17		23	

A B C D E F G H I J K L M N O P̸ Q R S T̸ U V W X Y̸ Z

1	2	3	4	5	6	7	8	9 **T**	10	11	12	13
14 **Y**	15	16	17	18	19	20 **P**	21	22	23	24	25	26

33

5	19	23	12		23	5	4	22	22	
19		19		7		19		19		3
8	3	14		8	21	22	4	23	3	14
7		13		19		2		3		15
	20	1	14	12		3	22	22	19	9
		21		21		22				5
23	1	26		7	19	22	1	25	22	21
19		21			3			22		26
18	4	2	26	4 (I)	6 (F)	6		4	23	21
18				14 (N)		19		17		
1	26	10	21	2		22	3	17	15	
14		21		21		12		3		24
3	14	14	21	16	21	7		26	15	21
22		26		21		15		2		11
	18	21	14	2	7		3	7	12	7

A B C D E **F** G H I/J K L M **N** O P Q R S T U V W X Y Z

1	2	3	4 **I**	5	6 **F**	7	8	9	10	11	12	13
14 **N**	15	16	17	18	19	20	21	22	23	24	25	26

Easy

9	26	1	11	22		1	2	24	11	10
5		20		5		11		6		2
14	5	10	25	2	11	10		5	3	23
23		26		9		11		22		13
10	26	24		6	5	3	14 **M**	5	18	11
		24		16		17 **V**				9
6	2	11	10		17	11	4 **L**	17	11	22
26		26			20			20		11
24	26	3	26	1	11		7	5	18	1
6				2		3		4		
26	3	22	20	10	22	11		20	14	24
8		5		22		19		18		26
26	10	15		11	21	20	22	20	18	12
3		11		3		3		10		11
1	20	18	11	10		11	18	22	11	3

A B C D E F G H I J K L M N O P Q R S T U V W X Y Z

1	2	3	4 **L**	5	6	7	8	9	10	11	12	13
14 **M**	15	16	17 **V**	18	19	20	21	22	23	24	25	26

35

When you have cracked the code and completed the grid, fill in the boxes at the bottom to reveal a racecourse.

3	18	24	20	26	■	26	7	7 **B**	26	5
9	■	6	■	21	■	25	■	14 **U**	■	21
21	9	9	15	16	■	21	19 **S**	16	26	18
11	■	15	■	■	■	8	■	16	■	10
2	15	15	5	8	14	16	16	26	18	■
18	■	■	■	15	■	■	■	18	■	14
24	13	8	26	13	19	26	■	22	21	13
6	■	23	■	6	■	18	■	9	■	5
23	26	18	■	21	13	21	9	11	19	26
16	■	15	■	■	■	19	■	■	■	18
■	24	13	13	10	26	26	3	26	18	19
1.	■	24	■	26	■	■	■	12	■	3
14	13	8	9	26	■	18	15	14	6	26
16	■	9	■	9	■	26	■	21	■	13
19	26	26	4	19	■	17	21	9	24	5

A B C D E F G H I J K L M N O P Q R S T U V W X Y Z

1	2	3	4	5	6	7 **B**	8	9	10	11	12	13
14 **U**	15	16	17	18	19 **S**	20	21	22	23	24	25	26

13	26	2	4	21	18	10	26	16

Easy

22		12		2		22		16		22
8	18	14	15	4		14	3	11	5	17
5		24		22		3		15		16
10	5	22	5	17	14	3		4	4	15
4		6		22		14				4
15	16	26	9		22	8	4	25	4	22
22		26		10		7		4		17
	10	16	3 R	5	14 O	6	22	15	13	
18		17		24 N		15		5		22
4	13	4	15	4	17		5	24	12	18
21				13		22		20		6
16	15	15		16	22	17	14	6	24	25
23		16		3		14		4		25
14	14	19	4	25		3	5	24	22	4
24		4		22		1		17		3

A B C D E F G H I J K L M N O P Q R S T U V W X Y Z

| 1 | 2 | 3 R | 4 | 5 | 6 | 7 | 8 | 9 | 10 | 11 | 12 | 13 |
| 14 O | 15 | 16 | 17 | 18 | 19 | 20 | 21 | 22 | 23 | 24 N | 25 | 26 |

	5		6		18		21		21	
9	25	8	20		25	4	10	25	14	
	17		11		14		8		19	
10	6	3	8	19	21		17	11	11	14
	4		15		6		12 **P**		4	
	3	19	6	7	7	15	6	4 **N**	3 **G**	
			21		11				14	
13	8	15	17	22		6	14	10	1	22
	12				21		11			
	12	11	19	12	15	11	24	11	20	
	19		25		18		14		18	
2	18	6	4		12	11	13	13	15	22
	26		16		6		18		15	
	8	3	8	6	4		18	19	8	15
	15		22		3		23		19	

A B C D E F G H I J K L M N O P Q R S T U V W X Y Z

1	2	3 **G**	4 **N**	5	6	7	8	9	10	11	12 **P**	13
14	15	16	17	18	19	20	21	22	23	24	25	26

6	26	14	20	25	14	1	26			14
15		16		17		17		22		10
12	14	3	18	7		20	6	17	11 **C**	13
24		18		15		14		26		14 **A**
21	11	8	12		14	12	18	7	14	10 **L**
		7		18		17				17
10	17	24	26	7		24	26	21	20	21
8				20		21		19		
10	14	8	2	6	21		20	8	7	9
10		22		18		23		14		8
14	1	18	17	16		26	8	7	18	21
4		24		18		14		26		26
15			26	5	11	10	8	16	26	21

A B C̸ D E F G H I J K L̸ M N O P Q R S T U V W X Y Z

| 1 | 2 | 3 | 4 | 5 | 6 | 7 | 8 | 9 | 10 **L** | 11 **C** | 12 | 13 |
| 14 **A** | 15 | 16 | 17 | 18 | 19 | 20 | 21 | 22 | 23 | 24 | 25 | 26 |

	10		9		19		2		14	
17	13	20	1	15	21		1	9	15	8
	20		15		21		20		12	
10	20	13	6		19	4	20	19	16	13
			6		22		1		16	
8	5	13	13	3	8		5	19	12	6
	19								23	
19	18	13	11		13	25	13	21	7	13
	5		1 **O**		24		23			
25	1	11 **D**	15	20 **L**	13		11	15	20	20
	21		4		10		1		1	
8	26	12	3		3	2	5	19	10	26
	8		8		8		8		26	

A B C Ø E F G H I J K Ł M N Ø P Q R S T U V W X Y Z

| 1 **O** | 2 | 3 | 4 | 5 | 6 | 7 | 8 | 9 | 10 | 11 **D** | 12 | 13 |
| 14 | 15 | 16 | 17 | 18 | 19 | 20 **L** | 21 | 22 | 23 | 24 | 25 | 26 |

Easy

24	16	1	1		12	5	24	9	23	
16		12		21		16		11		10
21	17	9		5	11	14	19	26	21	12
15		20		9		20		17		9
	11	25	20	17		16	25	13	17	13
		17		22		9				26
25 N	11	7		26	9	23	6	16	23	14
23		24			16			25		11
5	17 I	20	17	18	23	25		21	12	19
15 K				17		16		11		
2	14	23	23	26		13	12	4	23	
11		3		26		17		12		8
25	11	26	15	17	25	21		16	21	23
13		23		25		20		9		20
	23	14	23	7	19		23	19	23	21

A B C D E F G H I J K L M N O P Q R S T U V W X Y Z

1	2	3	4	5	6	7	8	9	10	11	12	13
14	15 K	16	17 I	18	19	20	21	22	23	24	25 N	26

10	12	21	19	21	1		1	11	21	25	19	23
5		20		25		14		20		12		9
17	20	10		25	21	19	1	21		21	1	2
11				23		17		4				21
	12	25	23	15	23	26		11	13	17	19	19
21		12				23				26		23
25	19	12	12	26 D		20	17	18	18	19	23	
7				20 R		1		20		23		
11	23	21	18 P	12	11		8	12	5	26	19	15
		19		18		1		5				23
	24	17	14	1	21	13		14	7	21	22	21
1		25				12				11		20
18	20	17	1	16		19	21	26	19	23	26	
23				21		19		17				3
4	12	1		17	5	23	20	11		15	12	7
10		10		6		5		4		23		21
1	18	17	4	23	1		11	2	17	5	19	15

A B C Ø E F G H I J K L M N O P̸ Q R̸ S T U V W X Y Z

1	2	3	4	5	6	7	8	9	10	11	12	13

14	15	16	17	18 P	19	20 R	21	22	23	24	25	26 D

42

When you have cracked the code and completed the grid, fill in the boxes at the bottom to reveal a type of belt.

6	5	8 U	1	25	17	1	12		9	14	23	20
7		6 P		17		3				5		17
5	15	9 S	22	7	8	14	22		5	20	3	1
16		3		24		22		13		20		22
5	23	22	4		10	23	15	8	18	5	8	9
14				19		7		17		1		
23	10	10	7	23	26			22	26	6	3	9
22		18		21	23	7	22	9		18		8
17	7	5	1		7		5		12	23	7	15
16		5		23	25	25	3	25		14		9
3	23	7	1	9			9	3	18	3	14	22
		15		24		15		1				23
12	18	5	16	3	15	5	2		14	18	23	1
23		23		25		22		22		23		25
11	3	7	5		14	4	23	7	17	9	20	23
3		25				3		3		9		7
9	23	9	4		10	7	3	3	4	5	18	25

A B C D E F G H I J K L M N O P̸ Q R S̸ T U̸ V W X Y Z

1	2	3	4	5	6 P	7	8	9 S	10	11	12	13
14	15	16	17	18	19	20	21	22	23	24	25	26

15	23	1		25	5		18	17	3	7	

11	21	6	26		6	23	24	15	20	26	13	25
21		16		9		24		20		11		4
19	20	13	25	16	13	3		23	14	26	13	16
13		8		8		22		17				10
16	13	23	20	24	1		1	21	25	9	16	10
17				23		9		24		16		23
26	22	17	23	10	10	21	24	8		6	23	4
1		21		21		1			2		25
		9	26	16	24	4 W	2 H	21	10	26		
19		21				26		9 M		17		21
26	24	1		25	17	26	26	14	24	26	25	25
25		10		17		18		13				23
9	16	3	2	26	9		5	23	11	21	16	10
21				14		23		14		6		16
13	16	12	17	25		14	13	26	1	21	6	17
6		26		23		17		13		10		26
2	16	7	21	24	26	25	25		26	3	26	1

A B C D E F G H I J K L M N O P Q R S T U V W X Y Z

| 1 | 2 H | 3 | 4 W | 5 | 6 | 7 | 8 | 9 M | 10 | 11 | 12 | 13 |
| 14 | 15 | 16 | 17 | 18 | 19 | 20 | 21 | 22 | 23 | 24 | 25 | 26 |

Easy

15	12	4	22	4	10	12	10		15	18	7	15
	21		10		1		12		14		18	
26	18	15	3	23	7		13 G	10	1	26	13	12
	10		9		2		10 R		12		16	
10	4	2	18	3		19	12	9 L	9	12	2	15
	2		6		21		15		6		22	
23	12	12	8	26	4	20	15		16	3	4	24
			12		10		18				9	
23	12	9	26	12	10		11	18	4	25	9	12
	21				18		12		25			
3	25	3	12		4	9	9	1	26	18	7	13
	9		7		13		20		18		12	
6	4	26	26	18	12	15		15	6	3	23	9
	5		3		4		17		4		25	
6	3	25	23	12	25		3	19	2	18	3	7
	7		12		9		8		12		10	
1	15	12	26		12	11	12	7	15	3	7	13

A B C D E F G̸ H I J K L̸ M N O P Q R̸ S T U V W X Y Z

1	2	3	4	5	6	7	8	9	10 L	11	12	13 G
14	15	16	17	18	19	20	21	22	23 R	24	25	26

The Times Codeword

17	14	14	6	14	14	4	3	■	10	4	21	24
■	4	■	22	■	18	■	17	■	4	■	11	■
24	17	23	11	6	3	■	20	6	1	18	14	6
■	22	■	14	■	26	■	20	■	1	■	7	■
17	20	8	4	3 **R**	■	24	11	25	18	6	26	13
■	4	■	12 **D**	■	18	■	■	■	2	■	18	■
6	9	10 **C**	6	6	12	6	12	■	11	12	24	13
■	■	17	■	■	12	■	6	■	4	■	24	■
10	17	2	11	2	6	■	17	2	2	4	13	14
■	20	■	2	■	3	■	10	■	■	21	■	■
5	4	13	14	■	14	24	4	15	6	2	24	13
■	18	■	7	■	■	■	2	■	16	■	11	■
11	2	2	11	2	16	14	■	10	4	3	16	11
■	12	■	24	■	11	■	11	■	7	■	8	■
22	11	24	24	17	3	■	12	3	11	26	7	14
■	2	■	6	■	7	■	4	■	14	■	6	■
17	16	6	12	■	8	17	24	24	1	17	3	19

A B C̸ D̸ E F G H I J K L M N O P Q R̸ S T U V W X Y Z

1	2	3 **R**	4	5	6	7	8	9	10 **C**	11	12 **D**	13
14	15	16	17	18	19	20	21	22	23	24	25	26

Easy

19	18	2	17		7	18	15		7	10	16	20
21			2	16	13		3	1	15			9
16	1	13	5		18		15 **M**		5	25	16	1
1			10	3	22 **D**	1 **L**	5	19	4			13
4	9	7	7			5			3	20	20	7
		21		25	2	5	5	24		2		
6	18	16	9	1		7		9	2	5	14	7
18		19		16	21	3	16	22		23		3
3	1	4		6				20		3	26	3
18		1		18	14	13	9	3		1		4
3	1	9	13	3		16		13	9	1	13	7
		14		7	9	8	13	26		3		
26	5	20	16			3			10	2	16	25
5			24	2	9	7	17	3	3			18
18	14	22	5		22		18		16	12	16	2
14			5	10	1		24	16	2			3
20	14	16	13		3	1	24		7	9	11	3

A B C D̸ E F G H I J K L̸ M̸ N O P Q R S T U V W X Y Z

| 1 **L** | 2 | 3 | 4 | 5 | 6 | 7 | 8 | 9 | 10 | 11 | 12 | 13 |
| 14 | 15 **M** | 16 | 17 | 18 | 19 | 20 | 21 | 22 **D** | 23 | 24 | 25 | 26 |

1	19	3	3	23	16	■	24	25	26	6	2	5
■	17	■	23	■	24	■	9	■	6	■	17	■
2	17	24	21	■	10	24	11	■	26	17	6	12
■	19	■	■	■	19	■	■	■	■	9	■	■
19	26	24	5	■	25	24	21	■	13	23	21	13
■	■	■	19	■	19	■	18	■	25	■	■	■
24	13	3	18	25	26	■	25	6	18	25	2	19
■	4	■	■	■	■	■	26	■	12	■	3	■
2	23	17	9	■	11	17	14	■	13	9	6	12
■	2	■	23	■	23	■	■	■	■	9	■	■
13	7	18	5	19	13	■	19	15	2 (C)	19	11	5
■	■	■	23	■	19	■	15	■	6 (U)	■	■	■
18	20	19	17	■	26	23	5	■	21 (B)	6	10	10
■	18	■	■	■	■	■	23	■	■	23	■	■
8	6	9	11	■	23	18	17	■	12	23	23	26
■	3	■	19	■	18	■	5	■	25	■	9	■
18	5	5	18	2	7	■	13	22	6	18	13	4

A B̶ C̶ D E F G H I J K L M N O P Q R S T U̶ V W X Y Z

1	2 C	3	4	5	6 U	7	8	9	10	11	12	13
14	15	16	17	18	19	20	21 B	22	23	24	25	26

Easy

	18	2	12	24		2	26	9	25	5	9	
2		18		3		15		2		9		2
15	12	2 (A)	5 (S)	5	3	15		25	9	15	10	25
7		1 (N)		23		10		23		6		15
10	1	24	10	9		5	9	12	11	3	5	8
3		19		1	3	6		10		19		14
6	2	1	20	5		19	25	21	2	1	16	2
		9		9		4			3			17
15	9	24	2	25	5		6	9	4	23	6	5
10			25			23		13		25		
25	9	5	15	10	9	25		8	9	9	12	5
25		6		1		9	25	2		22		10
9	12	9	21	3	9	5		10	5	10	2	12
1		2		15		6		5		24		6
15	9	12	12	19		3	1	6	9	21	9	25
17		6		25		21		9		9		17
	14	8	3	1	21	9		24	19	24	19	

A B C D E F G H I J K L M N O P Q R S T U V W X Y Z

1	2	3	4	5	6	7	8	9	10	11	12	13
N	A			S								

14	15	16	17	18	19	20	21	22	23	24	25	26

49

When you have cracked the code and completed the grid, fill in the boxes at the bottom to reveal a crustacean.

12		12		6		7		25		17		10
20	6	16	4	18	5	21	20	12		21	15	15
21		3		25		10		19		15		25
26	5	25	25	9		10	15	24	2	2	8	22
12				16		25		6				25
	24	9	15 **L**	6	16 **T**		13	5	25	20	25	18
11		24		13 **C**		10		25		4		
21	5	7	24	21	17	15	25		20	6	16	12
20		7		15		24		23		9		21
12	26	25	18		18	6	1	6	9	6	16	3
		16		5		18		16		9		12
24	9	12	25	25	9		12	16	21	7	12	
9				5		13		6				12
14	8	8	15	8	7	3		20	4	8	8	26
6		18		24		9		21		26		21
26	8	18		16	4	6	13	23	9	25	12	12
12		12		25		13		25		9		2

A B ¢ D E F G H I J K Ł M N O P Q R S Ƭ Ú V W X Y Z

1	2	3	4	5	6	7	8	9	10	11	12	13 **C**
14	15 **L**	16 **T**	17	18	19	20	21	22	23	24	25	26

23	6	9	7		26	5	21	20	9

Easy

2		2		21		1		24		3		10
19	15	20	20	25	26	15	3	2	24	15	17	3
19		24		2		20		7		23 **C**		25
25	3	22	17	5		23	22	15	3 **N**	10	5 **L**	25
22		17				16		20		25		
20	12	3	17	11	20	15	20		23	5	25	4
		2		16		24		9				16
8	2	16	3	24		20	24	16	26	11	25	19
25		24		22				26		17		13
14	15	20	9	15	3	13		2	11	11	5	25
25				19		2		3		16		
5	17	20	20		16	3	19	25	22	5	2	12
		6		4		24				2		25
20	6	16	2	5	17	22		17	16	24	19	17
17		15		17		15		3		15		26
23	17	3	18	2	5	25	20	23	25	3	23	25
10		24		24		20		25		13		3

A B C̶ D E F G H I J K L̶ M N̶ O P Q R S T U V W X Y Z

| 1 | 2 | 3 **N** | 4 | 5 **L** | 6 | 7 | 8 | 9 | 10 | 11 | 12 | 13 |
| 14 | 15 | 16 | 17 | 18 | 19 | 20 | 21 | 22 | 23 **C** | 24 | 25 | 26 |

7	12	15	13	21	19	1	22	■	24	11	13	3
14	■	18	■	3	■	13	■	■	22	■	12	
3	13	8	3	26	25	18	11	■	21	7	15	9
13	■	3	■	14	■	15	■	9	■	11	■	11
2	1	24	11	■	19	1	18	18	1	13	9	21
11	■	■	8	■	2	■	16	■	3	■	■	
12	16	26	25	11	2	■	12	16	15	26	14	
8 (B)	■	15	■	2	1	6	6	23	■	7	■	15
16	3 (U)	12	21	■	4	■	1	■	19	1	6	6
18 (L)	■	7	■	8	15	12	13	21	■	13	■	15
7	15	10	13	23	■	■	26	16	3	9	15	12
■	■	14	■	10	■	7	■	8	■	■	■	2
21	26	11	13	15	12	1	16	■	14	15	18	16
20	■	11	■	23	■	13	■	21	■	2	■	3
3	9	18	23	■	25	1	18	18	17	16	23	21
15	■	11	■	■	11	■	1	■	5	■	18	
7	1	2	23	■	5	12	16	24	5	7	18	23

A B C D E F G H I J K L M N O P Q R S T U V W X Y Z

1	2	3 U	4	5	6	7	8 B	9	10	11	12	13
14	15	16	17	18 L	19	20	21	22	23	24	25	26

Easy

1	3	10	22	21	10		8	19	1	1	20	19
	15		15		2		2		23		26	
2	17	10 T	21 I		23	3	16		10	1	3	15
			24 Z						21		2	
11	3	24	24	18	15		5	2	7	2	8	20
	5				3		21				13	
1	11	14	21	12	21	1	17		12	21	20	2
	18		5		17		9		18			
23	15	1	23	20				18	9	7	18	14
			18		20		10		18		6	
23	18	18	14		10	15	3	17	4	14	18	20
	9				2		11				7	
2	23	2	10	19	25		2	11	11	1	10	20
	14		3						15			
14	1	3	10		2	20	19		21	15	13	20
	21		1		17		18		17		21	
20	10	2	15	15	25		5	21	16	19	10	25

A B C D E F G H I/J K L M N O P Q R S T U V W X Y Z

1	2	3	4	5	6	7	8	9	10 T	11	12	13
14	15	16	17	18	19	20	21 I	22	23	24 Z	25	26

The Times Codeword

16	15	6	26	14	10	20	24	■	11	26	26	12
4	■	10	■	26	■	6	■	■	8	■	18	
11	20	25	11	26	17	5	4	■	22	20	19	10
26	■	4	■	18	■	11	■	22	■	11	■	16
6	20	5	5	■	12	15	18	18	21	15	16	2
10	■	■	■	7	■	14	■	15	■	6	■	■
16	11	15	5	20	22	■	21	23	13	26	19	
18	■	11	■	22	6	10	14	22	■	10	■	15
10	6	16 C	4	■	26	■	26	■	25	26	15	18
6	■	4 H	■	22	17	20	20	14	■	23	■	15
25	15 A	21	18	20	■	■	5	20	15	22	20	24
■	■	10	■	5	■	5	■	14	■	■	■	3
8	10	22	10	5	26	11	22	■	5	26	12	23
15	■	4	■	22	■	26	■	1	■	16	■	22
23	14	26	6	■	9	23	10	20	5	20	22	5
6	■	14	■	■	■	25	■	22	■	15	■	20
5	23	22	2	■	17	4	10	5	20	6	20	24

A B C D E F G H I J K L M N O P Q R S T U V W X Y Z

1	2	3	4 H	5	6	7	8	9	10	11	12	13
14	15 A	16 C	17	18	19	20	21	22	23	24	25	26

7	9	15 **D**	22	■	22	19	13	4	11	11	7	20
17	■	3 **O**	■	14	■	4	■	1	■	4	■	7
11	8 **Y**	19	18	3	3	9	■	14	3	9	26	22
7	■	7	■	5	■	11	■	13				7
20	4	15	1	22	18	■	21	7	22	11	7	20
9	■	■	■	22	■	22	■	22	■	18	■	25
4	2	12	5	4	1	9	11	22	■	7	6	7
13	■	5	■	26	■	7	■	■	■	4	■	22
■	4	24	4	11	7	14	7	9	11		■	
22	■	25	■			16	■	17	■	20	■	7
18	3	7	■	11	7	7	9	4	23	7	20	22
7	■	20	■	3	■	15	■	2	■	■	■	11
7	4	22	1	7	20	■	22	11	3	15	23	7
19	■	■	■	9	■	22	■	1	■	20	■	7
15	3	23	14	4	■	2	3	9	10	3	20	14
3	■	1	■	1	■	4	■	23	■	13	■	7
23	1	23	23	13	1	9	23	■	2	13	3	15

A B C Ð E F G H I J K L M N Ø P Q R S T U V W X Ÿ Z

1	2	3 **O**	4	5	6	7	8 **Y**	9	10	11	12	13
14	15 **D**	16	17	18	19	20	21	22	23	24	25	26

17	23	15	22	8	2	7	15		15	19	15	12
	17		2		8		7		10		13	
24	8	2	11	7	15		20	17	8	18	7	2
	18		22		12		21		11		22	
22	17	22	9	26		22	20	19	2	11	16	26
	11		7		7		7		25		19	
13	2	7	16	7	1	16	15		15	8	22	9
			7		16		15			20		
15	22	17	2	7	2		3	7	19	16	7	2
	12				19		7		23			
16	7	1	16		5	11	15	8	19	20	20	26 Y
	10		12		19		15		15		8 U	
25	8	15	11	3	4	15		4	7	2	25	15 S
	7		22		19		19		25		23	
23	2	17	9	7	3		20	7	7	6	19	26
	7		20		14		15		3		4	
7	18	18	26		19	18	17	13	16	11	17	3

A B C D E F G H I J K L M N O P Q R S T U V W X Y Z

1	2	3	4	5	6	7	8 U	9	10	11	12	13
14	15 S	16	17	18	19	20	21	22	23	24	25	26 Y

Easy

56

When you have cracked the code and completed the grid, fill in the boxes at the bottom to reveal a style of music.

10	9	15	14	1	14	12	10	■	24	1	3	10
■	26	■	25	■	20	■	9	■	1	■	15	■
10	13	9	2	13	10	■	21	25	4	4	1	26
■	26	■	21	■	5	■	13	■	4 **F**	■	14	■
14	25	21	20	2	■	20	10	3 **P**	1	15 **R**	1	26
■	17	■	26	■	10	■	■	■	21	■	2	■
10	26	25	25	16	1	26	23	■	9	10	12	24
■	■	15	■	■	12	■	15	■	2	■	23	■
20	6	6	12	7	10	■	25	9	5	10	12	5
■	9	■	22	■	5	■	17	■	■	13	■	■
6	15	20	5	■	20	10	5	12	15	1	10	13
■	2	■	15	■	■	■	11	■	25	■	9	■
15	12	14	12	26	9	12	■	19	9	8	3	10
■	10	■	8	■	26	■	5	■	5	■	3	■
10	18	9	12	20	2	■	15	11	1	26	25	10
■	9	■	2	■	12	■	1	■	26	■	15	■
15	12	2	7	■	5	11	25	9	23	11	5	10

A B C D E F G H I J K L M N O P Q R S T U V W X Y Z

1	2	3 **P**	4 **F**	5	6	7	8	9	10	11	12	13
14	15 **R**	16	17	18	19	20	21	22	23	24	25	26

24	1	22	1	12	2	20	26	24

The Times Codeword

57

7	21	6	15		4	19	24		11	16	10	7
2			5	16	19		19	10	3			1
6	26	12 **D**	3 **O**		17		21		4	3	21	17
16			8 **W**	17	4	5	3	14	20			26
12	17	16	7			3			7	17	26	20
		26		19	18	15	19	12		15		
17	11	11	16	25		19		19	17	7	19	12
12		16		17	4	7	3	26		21		4
18	17	4		18				16		17	12	3
16		18		23	17	4	20	17		16		8
21	4	16	5	5		19		5	16	26	19	26
		21		19	12	10	19	7		19		
13	3	9	7			17			11	4	3	10
3			21	17	15	5	19	17	6			4
5	3	10	3		6		14		7	17	10	17
5			14	6	21		1	6	19			22
9	3	5	20		21	8	3		12	6	26	19

A B C Ø E F G H I J K L M N Ø P Q R S T U V Ŵ X Y Z

| 1 | 2 | 3 **O** | 4 | 5 | 6 | 7 | 8 **W** | 9 | 10 | 11 | 12 **D** | 13 |
| 14 | 15 | 16 | 17 | 18 | 19 | 20 | 21 | 22 | 23 | 24 | 25 | 26 |

Easy

10 O	14	7	18	9	13			15	16	13	23	1	13
	2 R		17		5			24		16		24	
6	18	3 B	17		14	18	3		26	18	20	23	
	8				24						16		
23	21	13	23		17	10	12		15	10	23	17	
			24		13		11		16				
20	23	20	10	26	17		20	26	18	1	13	17	
	10						17		4		18		
17	12	18	3		18	24	22		22	20	7	13	
	4		10		20						13		
11	21	13	4	18	17		17	13	14	10	4	23	
			24		16		19		10				
20	4	4	17		13	26	24		3	10	26	3	
	10						18				13		
13	9	13	2		15	18	16		3	20	7	17	
	13		20		16		20		2		2		
25	16	10	15	15	21			23	13	18	25	13	4

A B C D E F G H I J K L M N Ø P Q R S T U V W X Y Z

1	2 R	3 B	4	5	6	7	8	9	10 O	11	12	13
14	15	16	17	18	19	20	21	22	23	24	25	26

	24	14	23	26		11	16	22	14	25	11	
19		20		22		21		6		15		20
22	6	25	18	2	10 **G**	9		4	5	9	11	18
15		15		6 **N**		24		21		13		26
4	9	4	9	14 **A**		6	18	18	25	15	18	2
18		14		20	8	18		14		25		14
2	18	26	2	9		11	9	2	4	18	2	8
		18		22		11			9			18
11	18	25	14	26	18		11	5	9	22	21	25
22			2			22		14		6		
4	14	26	4	14	21	21		3	18	20	2	14
4		9		18		26	18	14		18		11
22	6	6	18	2	1	18		2	14	6	12	11
7		6		9		2		25		25		15
20	2	14	10	11		15	2	9	6	15	6	10
11		10		9		9		22		6		6
	17	18	18	21	18	2		11	14	10	9	

A B C D E F G H I J K L M N O P Q R S T U V W X Y Z

1	2	3	4	5	6 **N**	7	8	9	10 **G**	11	12	13
14 **A**	15	16	17	18	19	20	21	22	23	24	25	26

Easy

9		11		3		19		3		3		12
26	14	20	3	24	7	22	14	25		4	3	5
3		12		24		4		13		10		26
13	3	18	22	21		10	2	21	16	21	4	18
7				23		11		26				12
	11	10	12	20	11		22	14	24	15	12	11
12		13		3		25		18		3		
25	13	12	12	14	12	13	8		21	2	14	11
25		23		8		3		4		7		22
11	21	6	11		18	22	17	22	18	22	14	25
		4		18		14		23		14		14
19	12	12	13	12	18		14	12	22	25	15	
3				16		26		13				11
6	26	1	1	12	13	11		22	18 D	8	4	4
6		12		14		15		24 C		12		12
12	3	13		24	15	12	24	7 K	23	3	10	12
18		21		12		13		11		13		7

A B C̸ D̸ E F G H I J K̸ L M N O P Q R S T U V W X Y Z

1	2	3	4	5	6	7 K	8	9	10	11	12	13
14	15	16	17	18 D	19	20	21	22	23	24 C	25	26

19		2		4		2		3		25		21
11	18	19	11	20	2	15	22	13	18	22	18	6
22		11		10		22		13		13		20
26	20	20	3	2		14	11	23	23	26	20	17
26		20				11		2		22		
2	22	7	20	21	5	26	20		9	18	20	20
		21		6		11		2				8
2	21	5	26	20		2	16	21	14	5	26	20
22		26		18				23		13		3
20	24	20	12	15	20	17		21	5	13	11	15
6				2		13		3		9		
20	18	25	4		20	12	26	22	1	2	20	2
		11		18		9				15		15
10	21	26	26	21	5	4		23	26	21	22	3 I R
16		6		1		21		22		18		21 A
20	8	21	2	1	20	3	21	15	20	17	26	4
4		3		4		17		2		2		2

A B C D E F G H I/J K L M N O P Q R S T U V W X Y Z

| 1 | 2 | 3 R | 4 | 5 | 6 | 7 | 8 | 9 | 10 | 11 | 12 | 13 |
| 14 | 15 | 16 | 17 | 18 | 19 | 20 | 21 A | 22 I | 23 | 24 | 25 | 26 |

Easy

62

4	19	3	18	1	7	19	9	■	1	7	19	20
19	■	19	■	9	■	9		■		18	■	26
7	8	5	13	22	5	1	10		22	1	5	4
18	■	10		25	■	6	■	20	■	10		2
23	1	20	20	■	23	18	10	5	4	7	8	20
23	■	■		1	■	4	■	22		1	■	■
19	5	20	19	22	20	■	16 V	18	9	15	5	
10	■	5		22	1	23	12 B	18 O	■	19		12
9	4	1	13	■	22	■	22	■	20	10	26	12
19	■	10	■	12	18	9	19	20	■	7	■	4
9	1	6	6	18	■		14	8	19	19	21	19
■	22	■	18		5	■	25			■		16
17	26	1	7	15	19	10	20	■	6	5	11	1
26	■	10	■	20	■	7	■	24	■	23	■	5
19	16	19	10	■	13	8	19	5	20	5	10	6
22	■	20	■		18	■	20	■	20	■		19
22	1	20	13	■	13	4	18	13 P	18	20	19	9

A B̸ C D E F G H I J K L M N Ø P̸ Q R S T U V̸ W X Y Z

1	2	3	4	5	6	7	8	9	10	11	12 B	13 P
14	15	16 V	17	18 O	19	20	21	22	23	24	25	26

The Times Codeword

When you have cracked the code and completed the grid, fill in the boxes at the bottom to reveal an item of food.

26	10	8	2	4	11		25	5	23	18	12	23
	25		21		22 **O**		22		5		21	
4	21	21	18		10 **U**	2 **R**	18		5	2	23	3
			21						8		14	
3	2	22	16	14	25		6	22	17	5	22	2
	10				14		23				5	
8	18	15	8	18	8	5	11		15	8	25	5
	18		18		6		25		10			
14	11	8	18	1				4	18	21	21	25
			21		23		23		1		13	
23	24	23	2		25	10	2	9	8	9	23	14
	10				4		8				14	
25	4	8	19	3	25		23	6	23	3	5	25
	21		21						17			
23	7	10	5		7	22	23		22	23	15	25
	22		23		10		25		2		14	
21	13	8	14	21	25		20	22	18	22	10	2

A B C D E F G H I J K L M N Ø P Q Ŗ S T Ŭ V W X Y Z

1	2 **R**	3	4	5	6	7	8	9	10 **U**	11	12	13
14	15	16	17	18	19	20	21	22 **O**	23	24	25	26

25	17	20	18	8	5	12	21	14

64

14	24	17	20	26	25	15	12		2	6	2	23
24		4		21		24				13		26
17	25	14	5	13	2	14	25		15	25	9	4
12		5		11		5		14		22		17
23	26	15	12		7	25	21	24	17	4	2	15
2				5		12		26		7		
8	26	8	8	25	12			23	18	4	17	24
12		23		11	2	14	18	12		13		10
4	14	25	3		13		2		15	4	16	25
24		15		15	14	2	23	25		12		23
17	4	14	18	25			8	23	2	11	25	23
		23		8		19		2				25
24	23	4	21	4	17	2	13		4	3	25	2
							L					
26		7		2		21		24		24		14
						G						
17	2	4	13		15	26	23	9	24	26	17	12
							R					
14		17				2		4		21		25
25	3	21	11		1	23	25	12	14	18	25	3

A B C D E F G H I J K L M N O P Q R S T U V W X Y Z

1	2	3	4	5	6	7	8	9	10	11	12	13
												L
14	15	16	17	18	19	20	21	22	23	24	25	26
							G		R			

The Times Codeword

7	24	12	16		19	26	6	23	12	20	24	8
13		23		8		4		21		21		21
23	24	20	10	21	20 **R**	13		18	26	4	24	8
15		26		22 **B**		2 **X**		18				23
3	21	4	5	21	8		24	17	12	23	8	24
15				20		8		24		17		19
24	2	25	15	22	15	7	26	20		12	23	7
1		26		15		20				19		8
		12	11	12	17	12	4	19	25	24		
8		20				7		12		22		12
14	24	1		8	9	21	12	1	20	26	4	8
24		24		7		6		1				8
24	4	1	24	12	20		1	13	4	12	6	26
7				21		8		15		4		20
24	17	3	15	4		7	26	4	15	5	25	7
8		21		19		21		5		20		24
7	26	20	19	25	15	4	5		24	13	24	1

A B C D E F G H I J K L M N O P Q R S T U V W X Y Z

1	2 **X**	3	4	5	6	7	8	9	10	11	12	13
14	15	16	17	18	19	20 **R**	21	22 **B**	23	24	25	26

Easy

66

11	12	4	17	7	17	20	13	■	23	26	15	26
■	23	■	12	■	5	■	26	■	1	■	3	■
18	14	16	4	12	13	■	11	4	9	4	13	9
■	16	■	26	■	25	■	13	■	15	■	12	■
12	23	22	15	12	■	16	12	15	14 (O)	16 (M)	11	8
■	2	■	20	■	4	■	16 (P)	■	13	■	5	■
9	13	8	4	2	26	13	12	■	26	15	12	14
■	■	26	■	11	■	4	■	■	■	15	■	■
8	20	13	13	3	13	■	8	11	12	13	19	26
■	15	■	■	■	12	■	4	■	13	■	■	■
10	15	6	13	■	14	15	26	15	16	15	20	7
■	8	■	24	■	4	■	2	■	12	■	18	■
1	13	21	18	13	8	11	■	25	4	20	20	8
■	26	■	9	■	8	■	9	■	13	■	20	■
1	4	6	4	26	4	■	12	13	3	13	23	20
■	26	■	26	■	15	■	23	■	13	■	1	■
23	2	15	2	■	26	15	19	23	9	23	7	8

A B C D E F G H I J K L M N O P Q R S T U V W X Y Z

1	2	3	4	5	6	7	8	9	10	11	12	13
14 M	15 O	16 P	17	18	19	20	21	22	23	24	25	26

The Times Codeword

12	18	15	20	4	10	20	3		26	25	24	22
	12		23		12		20		20		21	
13	21	12	18	18	2		22	20	9	25	4	2
	25		25		13		5		26		25	
13	21	12	26	10		26	20	4	20	24	6	10
	8		9		6				10		25	
5	25	6	12	26	24	13	20		7	12	18	13
		20			9		19		16		22	
1	16	25	24	22	13		6	20	22	23	20	10
	21		23		10		20			12		
13	10	20	6		2	20	22	22	12	17	20	3
	26		25				13		16		19	
3	25	2	10	24	23 **M**	20		13	10	12	6	13
	24		24		2 **Y**		9		22		22	
24	21	5	20	21	10 **T**		25	26	12	23	25	13
	20		21		11 **H**		22		12		24	
20	3	24	10		13	10	25	4	14	24	21	9

A B C D E F G H I J K L M N O P Q R S T U V W X Y Z

| 1 | 2 **Y** | 3 | 4 | 5 | 6 | 7 | 8 | 9 | 10 **T** | 11 **H** | 12 | 13 |
| 14 | 15 | 16 | 17 | 18 | 19 | 20 | 21 | 22 | 23 **M** | 24 | 25 | 26 |

2	14	16	11		14	19	4		16	11	6	15
12			23	11	2		11	2	1			26
5	8	22	23		14		2		23	6 **K**	11	19
16			6	8	23	21	6	2	11 **R**			7
17	2	19	15			13			18 **Y**	19	6	15
		7		9	23	16	10	15		14		
11	16	22	24	2		10		5	15	19	24	2
2		23		15	19	10	15	19		20		17
14	5	14		4				1		2	24	23
16		16		2	8	15	5	2		14		21
4	5	8	2	11		23		10	2	2	21	13
		19		15	5	10	6	18		8		
24	5	10	9			1			15	4	5	7
5			19	10	24	2	7	11	19			19
19	6	16	8		23		16		7	5	11	8
1			24	2	10		8	23	11			25
19	3	2	15		22	16	22		2	21	13	23

A B C D E F G H I J K̸ L M N O P Q R̸ S T U V W X Ȳ Z

| 1 | 2 | 3 | 4 | 5 | 6 **K** | 7 | 8 | 9 | 10 | 11 **R** | 12 | 13 |
| 14 | 15 | 16 | 17 | 18 **Y** | 19 | 20 | 21 | 22 | 23 | 24 | 25 | 26 |

The Times Codeword

69

16	14	16	11	4	23		24	20	2	20	6	21
	17		17		4		16		16		20	
23	13	16	10		5	6	4		9	5	8	16
	16				22						8	
17	7	7	23		8	20	18		23	5	21	23
			5		5		1		20			
5	23 **S**	20	7 **D**	16	23		6	20	26	20	22	9
	10 **W**						6		4		5	
6	20	2	3		14	17	21		15	20	24	16
	25		5		16						5	
23	2	1	20	11	16		18	16	19	19	2	16
			2		25		5		17			
5	11	4	23		23	20	25		19	5	23	16
	1						5				12	
1	25	22	23		25	1	9		15	17	1	25
	24		13		20		17		17		5	
4	21	18	20	22	9		22	17	19	17	7	21

A B C Ø E F G H I J K L M N O P Q R Ş T U V Ẃ X Y Z

| 1 | 2 | 3 | 4 | 5 | 6 | 7 **D** | 8 | 9 | 10 **W** | 11 | 12 | 13 |
| 14 | 15 | 16 | 17 | 18 | 19 | 20 | 21 | 22 | 23 **S** | 24 | 25 | 26 |

Easy

70

When you have cracked the code and completed the grid, fill in the boxes at the bottom to reveal a Paris landmark.

	10	26	17	13		5	26	15	8	2	18	
11		3		26		17		21		5		22
26	3	15	14	26	24	12		5	25	8	24	26
2		4 B		24		2		25		15		17
2	9 Q	3 U	25	4		12	6	1	20	3	14	12
25		17		12	17	17		8		20		18
5	8	2	15	8		23	25	20	20	8	11	12
		15		13		12			26			8
8	2	2	12	2	2		17	25	4	8	20	14
14			13			22		24		20		
7	8	1	3	16	16	25		2	19	3	20	20
3		3		12		14	26	15		13		26
24	8	17	17	8	15	12		25	1	25	24	11
1		8		20		20		24		24		11
15	8	4	26	26		25	24	1	20	25	24	12
2		20		3		15		15		3		14
	22	12	25	2	15	21		2	26	13	12	

A B̸ C D E F G H I J K L M N O P Q̸ R S T U̸ V W X Y Z

1	2	3 U	4 B	5	6	7	8	9 Q	10	11	12	13
14	15	16	17	18	19	20	21	22	23	24	25	26

24	26	15	17	12		14	8	13	12

The Times Codeword

Moderate Codewords

2	1	26	19	17	3		23	8	26	8	24	2
	21		18		21		19		20		21	
8	9	10	19	9	1	8	2		11	21	25	6
	2		3		14		20		3		20/I	
12	8	26	8		2	21	3	5	8	9/N	1	6
	16		19		24						21	
23	14	26	2	24	2		13	19	17	13	3	8
	8						8		21		21	
20	9	2	20	4	9	20	19		26	19	4	2
	24		9		8		26		7		20	
22	20	3	24		8	6	8	15	20	8	1	8
	19		8		13		2		9		19	
23	3	14	26	26	6		24	21	4	4	3	8

A B C D E F G H I/J K L M N/ O P Q R S T U V W X Y Z

1	2	3	4	5	6	7	8	9 N	10	11	12	13
14	15	16	17	18	19	20 I	21	22	23	24	25	26

Moderate

19	9	15	19	16	4	19		19	5	5	11	2
22		24		15		5 **B**	4	5		8		4
22	19	1	13	4	8 **L**	8		19	12	11	4	3
18		16		24		18	19	2		23		10
2	11	19	3		21			18	8	17		4
		21	10	16	19	13	4	3		22	15	24
24			18		1		2		6			14
11	26	26		18	24	12	18	8	11	21		
15		11	1	8			13		14	16	4	13
14		8		4	11	24		25		18		19
20	18	8	4	7		15	22	18	8	18	22	22
2		11		4	24	24		16		24		17
22	18	1	18	16		22	21	11	15	22	18	22

A B C D E F G H I J K L M N O P Q R S T U V W X Y Z

1	2	3	4	5 **B**	6	7	8 **L**	9	10	11	12	13
14	15	16	17	18	19	20	21	22	23	24	25	26

13	14	11	6	11		8	18	24	8	26	24	11
26		6		26		20 **O**	26		5		9	
9	20	7	6	18	10 **C**	20		11	23	14	26	7
2		14		13			6				26	
18	13	14	7	6	18	26		7	25	11	6	22
13		6				7		18		25		11
	26	10	15	25	18	14	11	10	14	13	6	
3		26		9		26				11		21
14	25	7	20	11		11	6	26	7	6	16	14
23				25			6		7			1
26	19	3	14	7		9	7	20	4	20	2	14
16		26		24		16		19		2		16
12	20	7	24	14	7	22		11	14	14	17	11

A B Ç D E F G H I J K L M N Ø P Q R S T U V W X Y Z

| 1 | 2 | 3 | 4 | 5 | 6 | 7 | 8 | 9 | 10 **C** | 11 | 12 | 13 |
| 14 | 15 | 16 | 17 | 18 | 19 | 20 **O** | 21 | 22 | 23 | 24 | 25 | 26 |

Moderate

12	13	21	23	1	8	5		23	16	13	12	5
	9		20		13		26		3		10	
8	17	6	8	13	24	4	1	9	5	17	9	18
	15		25		17		20				5	
19	13	12	21	20	9	22	12		24	16	20	5
	1		16				1		16		14	
		11	16	16	5	3	7	20	5	1		
	18		5		17				16		13	
21	20	10	12		1	14	3	17	6	17	9	18
	2				3 (P)		1		26		5	
15	13	1	12	5 (T)	17	16	9	9	20	17	6	1
	24		16		9		20		10		13	
12	3	17	9	12		21	7	1	12	12	1	12

A B C D E F G H I J K L M N O P Q R S T U V W X Y Z

1	2	3 P	4	5 T	6	7	8	9	10	11	12	13
14	15	16	17	18	19	20	21	22	23	24	25	26

10		2		12		7		19		24		3
6	26	10	2	5		19	18	16	26	21	15	24
26		19		7		26		20		19		19
9	7	16	10	17	10	24		19	7	7	26	12
3		19				10		21				1
24	26	18	20	26	25	19	15	10		18	26	24
		12		7				7		4		
24	10	10		15	9	25	8	15	2	4	3	10
9				4		19				11		9
15	8	2	4	13		23	9	3	3	9	7	25
21		10		19		9		4		7		8
4	14	10	2	2	26 U	7		4	26	25	8	15
1		22		16		25 G		2		24		5

A B C D E F G̸ H I J K L M N O P Q R S T U̸ V W X Y Z

1	2	3	4	5	6	7	8	9	10	11	12	13
14	15	16	17	18	19	20	21	22	23	24	25 G	26 U

Moderate

	20	5	22	11	14	7	13		13	4	21	5
18		20		18		20		1		20		21
8	22	10	21	2	1	20		19	16	10	8	19
19		8		1		19		17		17		9
18	8	19	25	11		10	10	11	5	11	13	
20				21		16		12		14		13
11	18	6	21	19	25		26	8	23	20	19	23
10		11		23		17		1				8
	1	19	17	11	21	14		14	11	14	20	14
13		15		19		21		11		20		20
5	1	13	21	18		20	5 (M)	22	11	13	13	16
1		11		20		3		10 (L)		20		13
25	8	4	19		14	20	24	20	18	23	13	

A B C D E F G H I J K L M N O P Q R S T U V W X Y Z

1	2	3	4	5 (M)	6	7	8	9	10 (L)	11	12	13
14	15	16	17	18	19	20	21	22	23	24	25	26

77

When you have cracked the code and completed the grid, fill in the boxes at the bottom to reveal a colour.

	13	9	5	6	13		22	26	5	4	1	
24		19		2				3		1 A		17
13	1	12	7	14	20		13	9	24 G	24	1	9
1		9		26		1		13		24		15
3	9	2	12	13	7	18	26	23	6	7	15	12
9		12		12		10		6		15		15
			13	6	2	1	11	1	20			
1		9		2		18		18		8		1
16	9	15	12	1	21	7	18	7	15	7	2	24
26		5		12		15		14		25		7
13	26	26	14	9	13		16	7	15	25	9	18
9		13		18				9		9		9
	15	12	1	20	15		1	16	26	13	2	

A B C D E F G H I J K L M N O P Q R S T U V W X Y Z

| 1 A | 2 | 3 | 4 | 5 | 6 | 7 | 8 | 9 | 10 | 11 | 12 | 13 |
| 14 | 15 | 16 | 17 | 18 | 19 | 20 | 21 | 22 | 23 | 24 G | 25 | 26 |

| 3 | 9 | 13 | 22 | 7 | 18 | 7 | 26 | 2 | |

Moderate

	14		9		11		14		4		18	
22	7	5	1	11	15		11	15	9	23	1	6
	22		22		12	11	16		4		26	
4	22	21	22		7		11		26	1	15	18
	7			7	6 X	11	23	7			11	
9	23	4	11	23 L		26		8	1	25	19	10
		16		12	26	20	14	7		4		
2	26	20	18	7		15		13	4	15	15	10
	7			26	7	22	11	18			1	
4	24	23	10		15		15		25	4	3	7
	1		7		18	20	16		1		3	
22	21	7	2	7	26		20	13	13	1	23	18
	7		22		10		18		17		7	

A B C D E F G H I J K L̷ M N O P Q R S T U V W X̷ Y Z

1	2	3	4	5	6 X	7	8	9	10	11	12	13
14	15	16	17	18	19	20	21	22	23 L	24	25	26

6	3	17	15	25	17	3	■	21	13	9	21	26
■	13	■	16	■	5	■	23	■	5	■	13	■
24	26	14	26	3	24	11	14	13	25	5	18	3
■	16	■	20	■	26	■	8	■	■	■	5	■
24	14	19	15	26	14	23	3	■	2	5	13	6
■	4	■	6	■	■	■	19	■	20	■	6	■
■	■	4	15	16 (R)	26 (T)	1	15	25	5	15	■	■
■	7	■	12	■	16	■	■	■	13	■	1	■
10	21	16	22	■	14	16	6	3	13	26	25	22
■	3	■	■	■	11	■	16	■	22	■	14	■
24	21	16	16	3	4	26	5	26	5	15	21	24
■	3	■	21	■	24	■	25	■	13	■	13	■
14	24	18	3	2	■	1	25	5	23	20	26	24

A B C D E F G H I J K L M N O P Q R S T U V W X Y Z

1	2	3	4	5	6	7	8	9	10	11	12	13
14	15	16 (R)	17	18	19	20	21	22	23	24	25	26 (T)

Moderate

6	22	13	4		20	11	10	11	20	8	16	15
	10		21		19		8		18		11	
2	11	6	20	22	11		5	4	12	14	3	18
	17		4		3		7		22			
5	22	4	3		16	22	12	22	20	11	15	6
	20		5				8 **O**				22	
9	22	6	10	22	12	20 **C**	10	22	24	4	17	18
	6				4				11		17	
3	4	11	9	25	14	6	10		23	8	8	9
			8		10		11		3		26	
17	22	1	14	8	3		6	10	11	10	22	20
	16		15		11		7		12		12	
6	5	11	10	14	17	11	6		10	14	23	6

A B ¢ D E F G H I J K L M N Ø P Q R S T U V W X Y Z

1	2	3	4	5	6	7	8 **O**	9	10	11	12	13
14	15	16	17	18	19	20 **C**	21	22	23	24	25	26

	12	10	18	26	12	17		18	18	17	10	
10		8		23		23		15		9		25
16	3	12	5	2		6	18	3	24	11	17	18
12		23		17		24		23		23		24
2	12 (U)	17	17	18	16	10		12	22	17	24	16
10 (S)		9				3		10				20
	11	13	18	23	19		10	16	12	26	26	
23				21		10				23		6
11	13	18	18	21		11	13	23	14	24	17	20
12		18		9		3		11		13		24
16	18	13	13	24	22	18		13	9	4	23	22
18		24		22		5		18		23		1
	7	18	10	16		18	10	10	23	20	10	

A B C D E F G H I J K L M N O P Q R S̸ T U̸ V W X Y Z

1	2	3	4	5	6	7	8	9	10 S	11	12 U	13
14	15	16	17	18	19	20	21	22	23	24	25	26

Moderate

8	18	9	8	12	21		21	2	11	1	2	4
17			18 **O**		25		2		18			25
1		13	12	14 **X**	5	25	20	18	16	2		1
16	19	1	20		1		2		2	14	1	5
2		5		17	18	3	11	16		8		17
11	18	5	5	18		1		11	1	11	5	16
		2		22	1	10	2	18		12		
26	2	21	7	2		2		20	25	10	10	6
18		15		11	25	9	2	16		1		2
21	18	12	5		10		14		12	9	10	18
25		7	25	23	12	26	20	1	9	7		26
16			14		11		2		1			2
16	24	12	1	21	5		11	18	5	1	18	9

A B C D E F G H I J K L M N Ø P Q R S T U V W X̸ Y Z

1	2	3	4	5	6	7	8	9	10	11	12	13
14 **X**	15	16	17	18 **O**	19	20	21	22	23	24	25	26

The Times Codeword

	19	20	4	2	12	18	8	7	26	2	12	
16		4		26		3		8		1		26
4	24	13	8	10	19	3	17	26	20	4	3	17
17				3		24		15		18		17
15	4	19	11	21	4	8	20		8	15	14	8
23		8		19		15		26		1		5
	8	24	7	8	15		19	4	18	3	19	
7		4		18		2		10		3		3
4	20	2	1		16	26	20	2	1	15	3	14
10		3 (O)		1		6		10				18
2	3	18 (L)	18	26	7	3	10	26	20	4	25	8
1		3		22		18		9		17		15
	21	17	10	8	18	8	17	20	4	17	14	

A B C D E F G H I J K L̶ M N Ø P Q R S T U V W X Y Z

1	2	3 O	4	5	6	7	8	9	10	11	12	13
14	15	16	17	18 L	19	20	21	22	23	24	25	26

84

When you have cracked the code and completed the grid, fill in the boxes at the bottom to reveal a geological feature.

9	2	22	22	7		23	12	9	18	2	26	7
5		4		8		12		12		9		21
7	18	2	12	4	4	1		23	12	15	15	12
26		23		26				5				16
7	1	23 **M**	8	14	20	23		17	5	16	12	16
14 **T**		20				5		26		2		1
	5	13	6	5	5	10	26	15	3	4	1	
8		5		12		26				4		17
20	10	10	5	9		12	10	24	2	10	3	5
15				11				5		20		15
6	12	6	14	26		21	20	9	26	19	20	15
21		2		3		2		17		5		5
20	25	5	9	7	5	5		1	20	10	5	4

A B C D E F G H I J K L M N O P Q R S T U V W X Y Z

1	2	3	4	5	6	7	8	9	10	11	12	13
14 **T**	15	16	17	18	19	20	21	22	23 **M**	24	25	26

18	2	26	6	17	7	12	15	10

	26	23	6	25	1	22	24		12	15	23	24
24		10		22		25		17		20		25
12	2	1	26	26	13	11		20	17	1	3	9
23		18		2		23		14		8		5
24	15	13	2	13		24	2	23	4	13	9	
14				21		19		16		2		20
15	23	14	14	25	26		14	13	22	9	25	9
19		1		11		26		2				26
	1	9	26	23	2	13		20	16	16	13	2
7		9		14 **C**		1		25		13		13
13	3	20	26 **P**	13		22	1	9	24	23	3	19
1		14		11		25		3		18		9
3	23	5	13		9	24	1	19	23	22	18	

A B C D E F G H I J K L M N O P Q R S T U V W X Y Z

1	2	3	4	5	6	7	8	9	10	11	12	13
14 **C**	15	16	17	18	19	20	21	22	23	24	25	26 **P**

16	23	18	7	11	22		2	17	12	13	13	23
23		9		7				7		15		15
7	2	2	12	9		5	12	1	5	7	11	22
2		17		13		15		5		3		19
17	23	15	5	9	6	23		19	15	2	23	11
2		9				10		11				2
	14	7	25	12	7	6	7	2	9			
15				12		1				2		19
19	15	23	1	19		7	1	5	19	13 C	17 T	2
24		20		21		17		9		19		17
24	14	23	26	9	15	8		6	9	5	17	4
7		11		15				19		9		1
19	21	9	15	2	9		5	14	19	2	1	19

A B C̸ D E F G H I J K L M N O P Q R S T̸ U V W X Y Z

1	2	3	4	5	6	7	8	9	10	11	12	13 C
14	15	16	17 T	18	19	20	21	22	23	24	25	26

25		17		15		12		7			21		18
24	12	2	10	12	2	2	5	10			19	17	5
12		14 C		2		25		25			25		12
6	9	5	2 N	24	5	20		17	17	16	5	13
2				6		17					16		20
6	10	14		1	25	2	24	5	10	25	5		
		19		17				2		2		
	11	6	3	21	6	1	8	20		24	17	13
4		10				5		12				17
12	1	14	5	10		20	14	10	5	6	22	20
25		17		17		25		25		23		6
26	5	6		7	10	17	12	2	14	25	2	24
20		1		20		2		24		20		5

A B C D E F G H I J K L M N O P Q R S T U V W X Y Z

| 1 | 2 N | 3 | 4 | 5 | 6 | 7 | 8 | 9 | 10 | 11 | 12 | 13 |
| 14 C | 15 | 16 | 17 | 18 | 19 | 20 | 21 | 22 | 23 | 24 | 25 | 26 |

Moderate

18		5		16				6		2		22
10	17	18	13	13	1	13		23	21	23	18	20
18		9		9		14		11		2		5
20	23	23	19	10		5	12	25	18	2	2	15
22		19				19		23				10
13	20	5		20	5	4	2	20	23	5	21	
21		9		5		11		19		21		10
	26	5	11	21	24	5	3	10		7	4	13
9				4 I		9				23		6
23	20	4	3	5	19 M	4		13	14	6	13	2
20		20		9		23		5		5		18
10	22	4	8	13		11	23	9	4	6	13	21
23		10		10				10		15		13

A B C D E F G H I/J K L M N O P Q R S T U V W X Y Z

1	2	3	4 I	5	6	7	8	9	10	11	12	13
14	15	16	17	18	19 M	20	21	22	23	24	25	26

A B C D E F G H I J K L M N Ø P Q R S T U V W X Y Z

1	2	3	4	5	6	7	8	9	10	11	12	13
14	15	16	17	18	19	20	21	22	23	24	25	26

Key given: 8 = O, 15 = A

2	10	18	18	6	12 L	1		11	21	17	5	17
	25		12		17		26		12		4	
10	21	12	10	13 Z	17		10	21	10	26	8	5
	8		20		15		5		26		6	
8	5	2	17	15		20	6	26	7	6	23	24
	2		10		5		23				20	
		21	8	12	12	3	11	13	17	15		
	9				11		5		19		21	
11	8	20	12	10	16	5		5	20	15	8	20
	23		1		17		10		17		15	
14	6	24	6	12	5		22	17	23	3	17	15
	11		23		20		10		3		10	
22	15	11	24	5		21	15	8	5	4	8	17

A B C D E F G H I J K L̶ M N O P Q R S T U V W X Y Z̶

1	2	3	4	5	6	7	8	9	10	11	12 L	13 Z
14	15	16	17	18	19	20	21	22	23	24	25	26

91

When you have cracked the code and completed the grid, fill in the boxes at the bottom to reveal a style of architecture.

10	19	20	22	■	8	24	26	18	24	
18	■	26	■	10	■	22	■	14	■	19
18	16	17	■	24	3	14	10	23	19	20
24	■	20	■	8	■	18	■	10	■	26
■	7	26	2	10	■	19	22	18	21	16
■	■	6	■	10	■	10	■	■	■	2
25	22	26	■	9	26	24	19	22	8	24
26	■	18	■	■	12	■	■	25	■	26
16	2	11	14	19	10	24	■	24	22	7
23	■	■	■	22	■	8	■	10	■	■
16	21	23	22	22	■	22	14	18	24	■
1	■	26	■	13	■	11	■	5	■	15
1	16	6	6	16	2	21	■	10	21	22
24	■	10	■	2	■	4	■	18 R	■	25
■	26	11	26	21	10	■	26	24	13 K	24

A B C D E F G H I J K L M N O P Q R S T U V W X Y Z

1	2	3	4	5	6	7	8	9	10	11	12	13 K
14	15	16	17	18 R	19	20	21	22	23	24	25	26

17	26	23	23	26	11	16	26	2

Moderate

92

16	8	23	16	23		25	12	25	13	11
2 **R**		3		16		3		12		14
11	22 **F**	22	3	10	16	2		3	2	16
23		22		12		12		24		2
16	25	21		25	12	10	7	16	6	16
		9		4		5				17
15	21	3	4		22	16	16	13	5	16
21		11			16			5		2
3	20	8	11	2	16		18	11	5	6
10				16		4		9		
19	3	5	5	18	11	1		9	12	26
9		12		11		6		11		3
12	9	9		3	8	7	21	25	12	8
8		6		8		11		16		10
23	21	9	6	9		8	21	23	20	16

A B C D E F G H I J K L M N O P Q R S T U V W X Y Z

1	2 **R**	3	4	5	6	7	8	9	10	11	12	13
14	15	16	17	18	19	20	21	22 **F**	23	24	25	26

93

24	16	24	15	6		20	24	2	6	16
4		16		21		21		1		9
1	14	1	23	13		24	4	14	23	11
4		4			4		15		26
19	11	25	11	9	21	9	1	3	4	
1				3			14		7
9	21	14	12	23	11	18		7	21	13
1		1		23		15		1		6
4	3	15		16	7	21	2	6	3	3
25		14			2				14
	10	24	1	5	2	21	16	9	11	15
9		1		3 **O**			15		1
3	24	9	18 **D**	3		11	22	21	23	9
25		15		2		23		1		11
21	8	13	16	16		17	24	4	18	16

A B C Ø E F G H I J K L M N Ø P Q R S T U V W X Y Z

| 1 | 2 | 3 **O** | 4 | 5 | 6 | 7 | 8 | 9 | 10 | 11 | 12 | 13 |
| 14 | 15 | 16 | 17 | 18 **D** | 19 | 20 | 21 | 22 | 23 | 24 | 25 | 26 |

5		7		21		11		11		20
15	17	11	18	16		23	8	26	16	5
5		10		6		5		24		13
6	26	6	8	2	6	13		22	5	16
2		10		21		9				26
11	18	21	11		13	5	12	11	19	5
26		9		21		2		4		15
	11	18	8	3	9	11	10	13	11	
9		5		9		26		17		1
21	2 T	19	5	6	2		19	5	25	11
9 U				19		26		10		11
5	18	18		2	15	6	24	24	11	26
18		5		6		21		6		6
18	11	12	8	10		13	5	10	8	10
22		14		24		21		24		24

A B C D E F G H I J K L M N O P Q R S T U V W X Y Z

1	2 T	3	4	5	6	7	8	9 U	10	11	12	13
14	15	16	17	18	19	20	21	22	23	24	25	26

A B C D E F G H I J K L M N O P Q R S T U V W X Y Z

1	2	3 N	4	5	6	7	8	9	10	11	12	13
14	15	16	17	18	19	20	21	22 F	23	24	25	26

Moderate

3	21	12	10	20	3	17	12			15
2		19		3		3		11		12
13	7	22	3	10		8	12	4	23	12
1		13		18		16		19		11
8	4	19	8		25	9	10	5	4	18
		20		13		4				13
7	1	12	12	2		25	13	8	25	14
13				2 P		3		13		
15	13	26	25	12	18 D		4	19	19	8
18		13		19		13		20		25
4	10	11	12	18		6	12	25	25	14
1		12		4		13		9		12
14			12	24	25	10	12	17	12	8

A B C Ð E F G H I J K L M N O P Q R S T U V W X Y Z

| 1 | 2 P | 3 | 4 | 5 | 6 | 7 | 8 | 9 | 10 | 11 | 12 | 13 |
| 14 | 15 | 16 | 17 | 18 D | 19 | 20 | 21 | 22 | 23 | 24 | 25 | 26 |

The Times Codeword

	20		1		26		4		25	
4	22	24	22	11	12		5	9	19	19
	7		8		17		22		26	
4	14	5	22		26	10	8	9	15	3
			19		4		23		21	
13	10	21	14	16	3		4	17	26	5
	13								16	
25	9	4	14		15	19	9	16	23	6
	2 Q		18		9		11			
26	9	3 T	17	13	8		15	14	8	5
	14		13		8		19		13	
4	3	26	8		14	2	9	22	3	6
	4		3		7		12		14	

A B C D E F G H I J K L M N O P Ø R S T U V W X Y Z

1	2 Q	3 T	4	5	6	7	8	9	10	11	12	13
14	15	16	17	18	19	20	21	22	23	24	25	26

When you have cracked the code and completed the grid, fill
in the boxes at the bottom to reveal a type of wine.

9	4	13	15		13	18	18	2	11	
15		7		8		14		4		6
2	21	6		14	21	12	24	1	18	12 **O**
5		20		26		15		26		6 **C**
	17	2	22	13		18	4	13	13	26
		15		13		12				2
23	1	9		14	2	21	3	8	13	19
12		13			1			15		12
2	23	18	13	1	4	18		25	12	12
18				15		19		1		
19	20	1	13	10		21	1	14	13	
10		22		4		2		14		18
8	19	1	4	1	19	11		1	15	15
4		12		6		18		15		8
	13	16	14	19	11		2	9	12	9

A B Ç D E F G H I J K L M N Ø P Q R S T U V W X Y Z

1	2	3	4	5	6 **C**	7	8	9	10	11	12 **O**	13
14	15	16	17	18	19	20	21	22	23	24	25	26

25	1	15	10	2	15	22	13	4

9	14	11	10	6	■	14	2	14	24	7
2	■	13	■	22	■	2	■	24	■	10
15	14	24	25	10	25	21	■	21	14	11
15	■	24	■	25	■	15	■	17	■	1
12	17	13	■	4	14	9	2	15	14	17
■	■	5	■	26	■	24	■	■	■	13
23	10	23	15	■	7	14	11	6	13	4
2	■	17	■	■	17	■	■	22	■	15
14	2	2	10	15	12	■	16	14	10	12
16	■	■	■	8	■	22	■	16	■	■
3	13	10	25	4	2	20	■	2	13	9 **B**
14	■	12	■	24	■	16	■	14 **A**	■	13
6	17	15	■	15	6	22	13	10	25	21
18	■	14	■	7	■	15	■	25	■	17
11	13	2	19	15	■	25	15	11	4	11

A B C D E F G H I J K L M N O P Q R S T U V W X Y Z

1	2	3	4	5	6	7	8	9 **B**	10	11	12	13
14 **A**	15	16	17	18	19	20	21	22	23	24	25	26

24	4	23	16	25		17	8	9	21	14
18		16		22		8		24		8
6	4	22	7	7		18	9	20	18	21
18		25				8		23		26
25	18	13	7	22	13 **G**	18	25	2	18	
24				25 **N**				9		18
9	11	4	22	2	23	10		10	9	12
25		18		8		16		18		11
10	23	16		4	18	22	21	21	8	18
21		4				4				4
	11	22	2	2	9	7	22	7	7	22
1		10		9				7		18
22	2	22	25	13		21	11	9	16	25
13		25		18		23		3		2
21	9	13	13	15		19	7	9	5	18

A B C D E F G̸ H I J K L M N̸ O P Q R S T U V W X Y Z

| 1 | 2 | 3 | 4 | 5 | 6 | 7 | 8 | 9 | 10 | 11 | 12 | 13 **G** |
| 14 | 15 | 16 | 17 | 18 | 19 | 20 | 21 | 22 | 23 | 24 | 25 **N** | 26 |

13		24		6		6		6		22
8	5	1	17	12		9	18	12	17	13
15		3		17		10		14		7 **N**
6	9	19	26	1	17	9		2	14	20 **K**
22		25		22		7				19
13	20	19	7		6	12	17	9	2	7
5		13		1		9		16		3
	23	5	9	7	12	9	14	1	6	
2		5		2		7		9		11
13	7	15	21	14	2		12	6	13	17
5				17		6		12		13
20	19	12		5	19	12	1	17	4	15
2		14		3		14		19		19
13	2	11	1	5		23	17	13	2	7
15		1		15		6		7		4

A B C D E F G H I J K L M N O P Q R S T U V W X Y Z

1	2	3	4	5	6	7 **N**	8	9	10	11	12	13
14	15	16	17	18	19	20 **K**	21	22	23	24	25	26

Moderate

	21		4		19		15		20	
4	8	2	21		4	15	20	9	2	
	19		2		4		3		17	
16	20	2	16	12	19		15	5	19	13
	9		3		13		20		13	
	19	6	26	19	16	21	7	13	22	
			2		19				19	
19	24	7	21	4		1	19	15	4	21
	19				15		9			
	23	18	24	7	16	7	15	11	10	
	19		19		14		16		15	
4	16	15	25		18	4	18	11	26	4
	21		11		7 **I**		19		26	
	19	6	7	4 **S**	21		19	9	19	13
	24		4		4		4		24	

A B C D E F G H I/J K L M N O P Q R S/$ T U V W X Y Z

1	2	3	4 **S**	5	6	7 **I**	8	9	10	11	12	13
14	15	16	17	18	19	20	21	22	23	24	25	26

4	7	26	18	16	26	9	7			26 A
13		22		14		14		6		16 W
19	26	3	24	1		11	4	13	11	5
14		13		8		14		22		16
22	13	25	18		26	2	15	24	1	26
		18		12		14				1
16	14	25	7	1		18	8	23	7	22
4				7		8		1		
14	19	10	13	7	25		2	7	17	18
18		1		20		14		21		13
14	1	26	18	7		22	1	13	10	25
2		25		1		7		7		5
15			26	25	25	26	13	6	18	25

A B C D E F G H I J K L M N O P Q R S T U V W X Y Z

1	2	3	4	5	6	7	8	9	10	11	12	13
14	15	16 W	17	18	19	20	21	22	23	24	25	26 A

	16		10		26		1		7	
14	1	18	13	15	12		17	22	4	7
	19		22		19		17 **B**		25 **T**	
13	26	21	19		1	8	22	19	21	26
			13		9		25		19	
8	4	26	15	1	7		26	7	1	15
	3								6	
14	21	25	26		5	22	19	1	2	26
	11		24		4		21			
26	12	22	22	3	26		6	22	12	2
	21		23		6		4		4	
25	19	13	21		1	25	25	1	6	20
	25		7		7		21		20	

A B C D E F G H I J K L M N O P Q R S T U V W X Y Z

1	2	3	4	5	6	7	8	9	10	11	12	13
14	15	16	17 **B**	18	19	20	21	22	23	24	25 **T**	26

105

When you have cracked the code and completed the grid, fill in the boxes at the bottom to reveal a band.

8	10	8	15	■	14	26	24	5	21	■
19	■	17	■	17	■	4	■	26	■	24
9	10	4	9	19	6	10	13	13	17	
15	■	7	■	6	■	17	■	13	■	1
■	2	22	23	26	■	9	6	19	22	12
■	■	26	■	26	■	26	■	■	■	17
18	22	24	■	2	19	2	2	26	6	20
17	■	26	■	■	11	■	■	4	■	26
22	4	2	20	10	4	9	■	18	17	6
4	■	■	■	16	■	13	■	19	■	■
24	21	22	16	12	■	19	4 **N**	20 **Y**	1	■
10	■	4	■	6	■	15	■	17	■	2
13	19	13	13	19	12	15	■	8	19	17
20	■	26	■	25	■	20	■	13	■	3
■	15	24	26	26	2	■	24	20	6	26

A B C D E F G H I J K L M N O P Q R S T U V W X Y Z

1	2	3	4 **N**	5	6	7	8	9	10	11	12	13
14	15	16	17	18	19	20 **Y**	21	22	23	24	25	26

17	26	6	19	15	16	10	24	21

Moderate

15	9	22	10	13	21		13	24	12	22	9	14
9		17		2		6		1		9		1
26	25	2		2	17	13	16	10		10	13	16
1				1		24		13				1
	22 O	2 B	1	8	1	24		8	13	16	14	21
18		1				22				17		20
1	3	1	17	20		26	22	16	2	22	8	
21			13		4		6		14		
20	22	5	5	10	1		15	9	17	5	9	14
		25		10		1		23				22
	10	13	17	8	14	3		23	17	9	1	24
21		15				1				10		21
11	25	13	8	21		7	22	21	20	10	8	
25				20		19		19				26
13	23	20		25	20	20	1	17		8	22	25
24		22		14		21		1		13		17
21	20	22	26	4	8		12	1	17	4	1	24

A B̸ C D E F G H I J K L M N Ø P Q R S T U V W X Y Z

1	2 B	3	4	5	6	7	8	9	10	11	12	13
14	15	16	17	18	19	20	21	22 O	23	24	25	26

The Times Codeword

19	25	21	21	10	23	9	12		21	13	14	22
14		10		14		21			1		20	
3	20	2	15	17	23	14	16		22	25	5	5
9		10		15		18		25		20		5
24	14	12	16		8	10	4	3	16	21	14	26
25				26		3		20		20		
16	10	12	17	14	21			17	14	19	10	10
17		26		16	20	10	25	12		24		7
20	10	3	12		7		12		11	20	7	13
3		8		7	13	18	13	8		25		24
2	24	20	6	13			12	13	13	6	13	8
		23		13		23		4				24
1	25	14	24	24	13	21	12 (S)		14	16	12	13
25		17		12		10 (O)		11		15		12
14	23	20	8		14	7	20	14	17	10	24	12
24		3				13		16		17		13
9	13	2	12		22	24	13	13	15	10	21	8

A B C D E F G H I J K L M N Ø P Q R Ş T U V W X Y Z

1	2	3	4	5	6	7	8	9	10 O	11	12 S	13
14	15	16	17	18	19	20	21	22	23	24	25	26

12	22	3	14		12	13	23	10	20	1	20	5
7		20		17		7		23		26		8
21	13	1	6	22	5	14		4	5	20	5	13
15		13		25		3		15				7
7	13	13	5	25 **G**	5		1	26	20	7	1	4
21				13 **L**		8		7		26		25
11	7	4	13	5	6	22	1	8		7	10	5
5		5		4		18				24		18
		9	5	3	24	1	12	22	13	5		
1		5				3		8		22		22
8	22	8		21	7	24	7	26	7	4	7	8
18		22		23		3		7				7
5	14	5	1	8	25		1	8	16	23	4	26
2				24		7		8		23		22
1	8	16	5	4		16	4	5	5	19	5	3
8		5		23		7		18		5		5
25	22	19	19	13	5	4	3		22	3	5	18

A B C D E F G̸ H I J K L̸ M N O P Q R S T U V W X Y Z

| 1 | 2 | 3 | 4 | 5 | 6 | 7 | 8 | 9 | 10 | 11 | 12 | 13 **L** |
| 14 | 15 | 16 | 17 | 18 | 19 | 20 | 21 | 22 | 23 | 24 | 25 **G** | 26 |

The Times Codeword

16	17	26	21	19	19	9	12		21	16	13	25
	11		23		9		1		5		9	
19	1	11	2	21	16		14	17	21	26	17	10
	26		17		13		23		14		12	
3	9	14	12	24		13	4	23	23	19	17	25
	25		26		23		12		1		16	
9	16	16	9	14	17	14	26		14	17	17	23
			20		16		9				21	
11	21	15 (Z)	17	5	1		20	9	21	5	19	17
	5 (B)				14		9		5			
6	21	7	25		25	21	26	12	24	17	19	25
	25		21		26		6		1		4	
10	17	22	4	9	10	17		26	10	4	16	13
	16		12		21		13		10		5	
25	17	8	9	25	26		19	17	17	18	21	6
	14		17		1		1		14		11	
25	26	21	10		10	1	26	21	26	9	1	14

A B C D E F G H I J K L M N O P Q R S T U V W X Y Z

1	2	3	4	5 (B)	6	7	8	9	10	11	12	13
14	15 (Z)	16	17	18	19	20	21	22	23	24	25	26

Moderate

7	2	26	13	10	7	14	24		5	3	12	22
	13		18		6		14		14		17	
7	2	26	13	16	13		22	5	10 **R**	3	25	12
	13		24		16		6 **C**		2		12	
9	15	13	14	16		6	5	10	3	15	7	6
	22		12		11				15		16	
4	3	16	5	26	17	10	12		7	10	7	12
		14			3		14		6		12	
25	13	16	12	7	22		24	13	14	12	13	12
	8		6		13		7			9		
12	6	14	10		16	7	1	7	12	7	3	15
	13		14			14		13		26	
21	24	7	26	26	13	10		2	7	2	7	6
	24		18		14		23		19		15	
9	13	25	14	25	12		3	10	7	20	7	15
	15		10		13		1		15		3	
12	22	17	16		16	10	13	16	20	7	15	20

A B C̸ D E F G H I J K L M N O P Q R̸ S T U V W X Y Z

1	2	3	4	5	6 **C**	7	8	9	10 **R**	11	12	13
14	15	16	17	18	19	20	21	22	23	24	25	26

The Times Codeword

9	12	5	24	12	11	■	12	13	13	12	25	11
4	■	24	■	3	■	3 **B**	■	24	■	20	■	15
25	14	10	■	3	18	25	22	2 **Z**	■	15	18	21
7	■	■	■	4	■	26	■	2	■	■	■	25
■	5	18	25	22	8	17	■	10	4	24	11	26
12	■	12	■	■	■	4	■	■	7	■	26	
22	12	20	15	6	■	23	15	22	25	22	15	■
4	■	■	■	4	■	26	■	4	■	25	■	
21	12	8	12	1	26	■	26	23	25	18	18	26
■	■	4	■	7	■	12	■	25	■	■	22	
■	3	11	12	10	15	6	■	8	24	11	14	10
15	■	12	■	■	14	■	■	24	■	15		
9	4	18	18	10	■	15	7	15	11	5	10	■
15	■	■	4	■	11	■	12	■	■	16		
8	11	10	■	18	4	3	15	26	■	13	18	24
22	■	12	■	19	■	26	■	15	■	15	■	25
26	12	21	4	26	12	■	15	18	6	15	26	22

A B C D E F G H I J K L M N O P Q R S T U V W X Y Z

1	2 **Z**	3 **B**	4	5	6	7	8	9	10	11	12	13
14	15	16	17	18	19	20	21	22	23	24	25	26

Moderate

112

When you have cracked the code and completed the grid, fill in the boxes at the bottom to reveal a type of car part.

9	6	5	6	18	16	21	23	■	13	11	3	10
26	■	11	■	16	■	11	■	■	■	13	■	11
14	11	21	26	20	11	4	11	■	11	7	11	20
12	■	15	■	26	■	6	■	23	■	3	■	16
1	6	23	14	■	3	21	24	16	11	13	16	13
20	■	■	■	17	■	22	■	16	■	6	■	■
6	4	10	3	16	13	■	■	14	16	9	11	21
5	■	16	■	20	3	2	2	23	■	11	■	16
6	13 D	24	12	■	14	■	6	■	23	5	6	20
21 N	■	16	■	4	16	5	20	16	■	26	■	19
22	24	11	20	16	■	■	16	4	10	20	12	26
■	■	22	■	11	■	23	■	3	■	■	■	3
23	25	3	16	24	9	17	12	■	6	9	16	23
24	■	16	■	23	■	16	■	26	■	17	■	21
11	3	20	11	■	23	24	6	4	24	6	21	16
14	■	16	■	■	19	■	6	■	24	■	■	23
23	3	13	23	■	5	16	8	5	6	24	16	23

A B C Ɗ E F G H I J K L M Ŋ O P Q R S T U V W X Y Z

1	2	3	4	5	6	7	8	9	10	11	12	13 D
14	15	16	17	18	19	20	21 N	22	23	24	25	26

22	16	11	20	23	5	6	9	15

The Times Codeword

22	4	2	24	■	11	16	20	15	26	20	16	24
25	■	4	■	1	■	7	■	16	■	4	■	12
24	16	12	25	4	20	24	■	20	21	22	25	4
11	■	25	■	24	■	16	■	24	■	■	■	23
16	6	13	16	11	2	■	1	16	22	3	16	22
12	■	■	■	25	■	3	■	19	■	20	■	20
24	5	26	21	2	2	16	20	24	■	21	22	4
16	■	2	■	21	■	21	■	■	■	12	■	11
■	■	2	4	7	16	20	21	2	16	22	■	■
13	■	16	■	■	■	18	■	23	■	14	■	21
4	21	20	■	18	4	4	14	16	20	21	12	3
12	■	7	■	4	■	6	■	21	■	■	■	3
9	7	19	25	12	3	■	24	17	21	2	16	20
20	■	■	■	12	■	16	■	25	■	25	■	25
4	7	25	8	16	■	14	21	12	22	21	2 **T**	16
12	■	13	■	2	■	25	■	3	■	20 **R**	■	8
2	20	16	21	24	26	20	16	■	7	21	10	16

A B C D E F G H I J K L M N O P Q R S T U V W X Y Z

1	2 **T**	3	4	5	6	7	8	9	10	11	12	13
14	15	16	17	18	19	20 **R**	21	22	23	24	25	26

Moderate

19	8	22	19	8	22	9	21		1	16	21	15
	14		16		6		6		5		5	
10	17	9	5	10	1		14	10	8	22	10	22
	9		5		26		4		3		8	
22	10	10	24	1		12	9	3	3	9	14	7
	23		9		1		14		10		1	
15	26	3	14 N	6	23	9	21		18	26	10	1
			21 C		22		9				22	
8	1	23	15	13	8		14	16	18	9	1	13
	11				9		7		9			
20	16	13	3		23	8	5	9	1	13	8	14
	10		5		20		26		9		4	
8	5	13	8	14	8	21		10	14	18	6	2
	21		11		21		21		24		21	
1	15	22	16	14	25		6	3	10	22	8	1
	10		10		10		8		21		18	
8	1	25	1		23	8	17	8	23	9	6	14

A B C D E F G H I J K L M N O P Q R S T U V W X Y Z

1	2	3	4	5	6	7	8	9	10	11	12	13
14 N	15	16	17	18	19	20	21 C	22	23	24	25	26

24	14	25	6	21	2	23	25		7	10	15	25
	22		23		6		1		10		22	
15	23	22	22	4	22		21	5	10	2	18	25
	7		13		16		18		17		11	
9	24	21	13	22		25	3	16	14	6	10	16
	16		22		25				23		5	
23	22	6	23	21	11	22	25		10	12	22	26
		1			23		13		10		23	
25	2	22	25	6	21		2	26	7	22	25	6
	26		16		19		5			20		
1	21	17	10		17	21	5	21	6	10	23	3
	26		13				3		23		24	
18	2	17	22	16	16	21		13	2	17	26	25
	16		17		21		24		24		18 D	
11	21	5	22	23	26		20	21	16	16 M	10	26
	6		25		2		17		14		19	
8	22	6	25		21	26	3	6	1	2	26	20

A B C Ø E F G H I J K L Ḿ N O P Q R S T U V W X Y Z

1	2	3	4	5	6	7	8	9	10	11	12	13
14	15	16 M	17	18 D	19	20	21	22	23	24	25	26

21	7	6	13		16	10	2		12	18	4	26
23		8	23	24		18	25	16				4
13	18	4	23		12		21		1	16	1	16
6		26	4	7	2	18	6	7				24
18	4	9	13			16			13	10	23	25
		15		9	23	6	4	7		18		
22	24	6	23	7		6		3	7	6	7	13
24		17		18	2	16	16	3		12		23
19	16	16		24				16		17	23	1
23		2		7	24	6	7	4		18		2
26	2	16	15 **Y**	13		16		6	18	20	2	7
		25		6	18	11	23	13		2		
13	16 **O**	15	18			23			5	7	7	4
14			26	23	12	12	16	2		16		16
22	13	7	4		23		26		23	16	6	18
23			16	22	6		6	18	24			12
20	18	4	24		15	7	13		13	18	13	17

A B C D E F G H I J K L M N Ø P Q R S T U V W X Y Z

1	2	3	4	5	6	7	8	9	10	11	12	13
14	15 **Y**	16 **O**	17	18	19	20	21	22	23	24	25	26

The Times Codeword

26	22	4	18	25	22	■	4	17	24	8	22	4
■	26	■	21	■	18	■	24	■	25	■	24	■
24	9	8	12	■	9	26	9	■	9	10	1	12
■	3	■	■	■	26	■	■	■	■	■	18	■
21	18	24	12	■	9	18	16	■	15	18	13	22
■	■	■	10	■	5	■	10	■	11	■	■	■
4	12	25	26	12	26	■	15	25	24	13	22	4
■	19	■	■	■	■	■	6	■	13	■	23	■
7	8	9	10	■	22 **B**	24	4	■	4	11	24	9
■	2	■	13 **M**	■	23	■	■	■	■	■	7	■
24	4	26	22	23	10	■	21	25	18	18	7	4
■	■	■	10	■	4	■	25	■	25	■	■	■
26	14	8	16	■	4	10	10	■	10	12	15	11
■	26	■	■	■	■	■	12	■	■	■	11	■
4	24	25	7	■	18	19	10	■	11	10	8	25
■	9	■	8	■	16	■	1	■	8	■	10	■
4	12	26	22	23	10	■	12	20	21	8	7	20

A B C D E F G H I J K L M N O P Q R S T U V W X Y Z

1	2	3	4	5	6	7	8	9	10	11	12	13 **M**
14	15	16	17	18	19	20	21	22 **B**	23	24	25	26

Moderate

Codeword grid

	20	10	16	10		21	1	13	16	14	20	
12		13		4		14		10		7		20
10	13	13	10	1	15	16		23	10	23	16	19
22		14		14		21		9		14		13
20	17	3	14	20		19	22	6	14	21	22	17
10		8		1	13	14		1		18		21
15	19	15	10	23		12	10	15	14	16	14	20
	14		16		14			21				14
10	13	13	14	13	13		20	21	10	18	14	21
18			10		25		14		14			
18	10	13	16	1	21	14		13	19	22	11	13
14		23		22 N		26	19	16		19		2
16	21	1	6 F	6	15	14		21	19	22	13	14
19		18		10		15		19		13		10
16	17	18	10	5		15	10	23	4	1	14	21
14		14		14		14		16		15		13
	14	21	17	20	14	20		13	16	10	24	

A B C D E F G H I J K L M N O P Q R S T U V W X Y Z

1	2	3	4	5	6 F	7	8	9	10	11	12	13
14	15	16	17	18	19	20	21	22 N	23	24	25	26

119

When you have cracked the code and completed the grid, fill in the boxes at the bottom to reveal an opera by Verdi.

13		5		7		22		20		26		2
20	14	4	15	9	22	19	20	16		16	10	20
26		15		15		9		26		20		15
2	9	8	26	16		5	15	19	17	15	2	25
22				8		25		26				20
	26	22	22	9	20		22	23	21	17	20	16
15		10 **Y**		12		26		3		20		
18	9	11	24 **B**	2	26	23	3		15	24	9	19
15		24		20		16		5		22		9
8	21	21	18		8	20	3	15	2	26	23	3
		2		24		14		12		19		22
8	9	22	4	20	16		18	15	6	20	16	
15				17		15		5				22
6	21	21	11	26	23	3		26	23	3	21	19
21		15		19		21		21		8		15
8	21	19		5	21	23	1	9	8	26	23	3
22		4		4		10		22		23		22

A B C D E F G H I J K L M N O P Q R S T U V W X Y Z

1	2	3	4	5	6	7	8	9	10 **Y**	11	12	13
14	15	16	17	18	19	20	21	22	23	24 **B**	25	26

8	26	3	21	2	20	19	19	21

Moderate

6		18		6		18		7		8		7
14	26	10	26	15	19	11	7	12	14	6	8	12
4		26		23		8		23		4		26
6	15	23	21	12		21	20	8	22	11	6	3
3		8				16		13		10		
7	11	21	21	11	14	4	7		16	26	1	6
		16		8		26		5				8
6	24	26	14	7		5	26	3	12	6	3	7
24		8		26				20		24		11
21	26	12	13	23	8	7 S		12	23	12	10	6
6				15		25		12		3		
10	20	2	12		18	23	17 V	20	12	23	8	5
		10		25		14				21		26
7	22	11	23	3	14	7		2	10	26	23	3
20		2		23		11		10		12		23
15	6	2	6	8	7	23	17	6	8	6	7	7
26		9		5		12		6		15		16

A B C D E F G H I J K L M N O P Q R S̸ T U Y̸ W X Y Z

| 1 | 2 | 3 | 4 | 5 | 6 | 7 S | 8 | 9 | 10 | 11 | 12 | 13 |
| 14 | 15 | 16 | 17 V | 18 | 19 | 20 | 21 | 22 | 23 | 24 | 25 | 26 |

25	22	24	15	18	1	21	7	■	12	21	20	2
21	■	21	■	5	■	7	■	■	8	■	26	
15	11	15	19	2	17	22	18	■	15	18	20	4
7	■	11	■	14	■	20	■	23	■	21	■	20
19	26	4	1	■	13	2	17	17	26	4	18	4
15	■	■	■	6	■	5	■	2	■	4	■	■
11	15	10	10	21	7	■	■	15	17	22 (I)	19	22
10	■	5	■	11	22	10	25	20	■	12 (V)	■	11
22	5	2	11	■	4	■	21	■	9	21	4	20
11	■	20	■	4	25	21	15	23	■	17	■	21
10	26	21	4	20	■	■	6	5	15	16	21	5
■	■	4	■	2	■	26	■	16	■	■	■	12
15	18	3	26	15	22	11	20	■	15	11	20	22
7	■	26	■	20	■	20	■	26	■	2	■	21
15	10	21	7	■	18	5	2	4	4	19	2	14
6	■	17	■	■	■	26	■	21	■	17	■	21
20	2	16	4	■	25	21	15	7	10	21	15	5

A B C D E F G H I/J K L M N O P Q R S T U V/W X Y Z

1	2	3	4	5	6	7	8	9	10	11	12 V	13
14	15	16	17	18	19	20	21	22 I	23	24	25	26

20	9	10	9	24	4		7	19	12	7	22	14
	18		5		17		21		23		23	
22	1	7	5		11	18	21		9	15	17	1
			17						9		25	
4	15	7	1	14	7		12	24	5	5	18	6
	9				3		18				1	
4	13	18	6	21 G	18	6	21		26	24	10	4
	7		9 O		14		4		18			
9	11	9	24	23				24	6	18	5	10
			6		25		4		21		1	
1	7	21	4		9	23	14	16	9	11	9	19
	2				9		17				23	
2	24	18	23	8	4		26	17	6	14	17	3
	17		17						7			
4	14	24	26		13	16	9		15	17	3	12
	7		26		18		23		7		17	
17	4	8	18	6	21		26	7	23	7	14	4

A B C D E F G̸ H I J K L M N O̸ P Q R S T U V W X Y Z

| 1 | 2 | 3 | 4 | 5 | 6 | 7 | 8 | 9 O | 10 | 11 | 12 | 13 |
| 14 | 15 | 16 | 17 | 18 | 19 | 20 | 21 G | 22 | 23 | 24 | 25 | 26 |

The Times Codeword

10	20	7	13	2	20	12	21		26	9	13	4
9		20		15		24				1		11
6	25	8	9	2	2	9	13		9	12	4	11
9		8		15		22		3		24		21
18	9	25	2		24	20	17	15	9	15	22	13
9				9		12		26		13		
22	20	16	25	24	10			7	22	20	6	13
25		15 U		14	25	18	12	23		5		2
2	11	24	24 L		15		11		8	9	22	11
9		24		25	16	11	5	9		24		18
10	9	14	9	22			9	18	8	23	26	9
		20		20		25		10				19
26	20	6	22	25	20	18	9		25	22	9	25
25		4		13		18		6		9		13
7	20	2	4		16	9	17	15	9	25	2	4
24		9				1		24		24		9
9	22	22	13		7	9	22	14	15	26	9	10

A B C D E F G H I J K L̸ M N O P Q R S T U̸ V W X Y Z

1	2	3	4	5	6	7	8	9	10	11	12	13
14	15 U	16	17	18	19	20	21	22	23	24 L	25	26

Moderate

17	13	8	17	■	25	16	19	17	17	21	3	21
9	■	20	■	12	■	7	■	23	■	26	■	7
5	23	24	5	13	17	23	■	21	5	16	25	21
23	■	23	■	15	■	20	■	17	■	■	■	15
26	23	17	13	11	15	■	5	16	8	8	23	26
26	■	■	■	16	■	5	■	15	■	16	■	16
23	1	21	25	13	15	23	23	17	■	7	13	15
26	■	26	■	17	■	8	■	■	■	21 (A)	■	17 (S)
■	■	6	13	8	5	13	16	10	13	22	■	■
17	■	21	■	■	■	15	■	21	■	22	■	21
13	15	15	■	17	2	19	21	26	5	16	15	17
18	■	22	■	14	■	23	■	26	■	■	■	8
23	20	23	10	13	26	■	24	23	26	21	10	16
21	■	■	■	4	■	24	■	5	■	8	■	19
7	10	23	21	8	■	19	15	23	21	8	23	15
10	■	6	■	10	■	25	■	26	■	13	■	26
23	6	23	5	20	26	21	20	■	13	22	23	17

A B C D E F G H I J K L M N O P Q R S T U V W X Y Z

1	2	3	4 (S)	5	6	7	8	9	10	11	12	13
14	15	16	17 (S)	18	19	20	21 (A)	22	23	24	25	26

16	22	23	20	19	9	8	16	■	19	23	16	14
19	■	18 **O**	■	4	■	16	■	■	13	■	■	23
14	26	11 **U**	19	13	5	9	8	■	20	19	14	20
16	■	9	■	24	■	1	■	18	■	7	■	18
3	19	1	16	■	15	16	1	13	19	24	19	3
14	3	24	■	■	16	■	5	■	■	■	■	19
■	1	■	15	■	21	3	19	8	■	1	18	13
6	18	3	11	10	16	■	■	19	■	19	■	14
18	■	■	21	■	13	18	18	10	■	22	■	20
3	18	19	21	16	13	■	15	5	12	5	9	5
11	■	25	■	1	24	2	16	■	9	■	■	2
2	■	19	■	23	■	■	24	5	16	3	17	14
1	19	13	■	20	5	1	14	■	16	■	13	■
11	■	■	■	5	■	18	■	■	■	20	11	1
18	13	17	5	9	19	13	24	■	14	16	10	5
11	■	13	■	8	■	9	■	3	■	13	■	14
14	1	18	4	■	23	19	13	19	6	19	9	14
3	■	3	■	■	17	■	5	■	3	■	■	11
24	18	3	12	■	2	18	13	13	5	17	8	16

A B C D E F G H I J K L M N Ø P Q R S T Ụ V W X Y Z

1	2	3	4	5	6	7	8	9	10	11 **U**	12	13
14	15	16	17	18 **O**	19	20	21	22	23	24	25	26

Moderate

When you have cracked the code and completed the grid, fill
in the boxes at the bottom to reveal a type of hormone.

A B C D E F Ǵ H I J K L M N Ø P Q R S T U V W X Y Z

1	2	3	4	5	6	7	8 G	9	10	11	12	13
14	15	16	17	18	19	20	21	22	23	24	25 O	26

25 O	22	10	12	2	25 O	8 G	22	15

The Times Codeword

A B C D E F G H I J K L M N O P Q R S T U V W X Y Z

1	2	3	4	5	6	7	8	9	10	11	12	13
14	15	16	17 F	18	19	20	21 G	22	23	24	25	26

Moderate

A B C D E F G H I J K L M N Ø P Q R S T U V W X Y Z

1	2	3	4	5	6	7	8 M	9 O	10	11	12	13
14	15	16	17	18	19	20	21	22	23	24	25	26

The Times Codeword

A B C D E F G H I J K L̸ M N Ø P Q R S T U V W X Y Z

1	2	3	4	5	6	7 O	8	9	10	11	12	13
14	15	16	17	18	19	20 L	21	22	23	24	25	26

Moderate

A codeword puzzle grid (13 columns) with numbered cells:

15	19	14	9	12	10	■	15	18	8	25	5	6
8	■	21	■	7	■	■	21	■	7	■	17	
23	21	8	14	13	15	■	24	21	15	13	10	6
23	■	3	■	15	4	8	9	13	■	23	■	14
8	3	25	21	■	8	■	26	■	13	2	9	13
18	■	■	23	■	9	23	6	■	8	■	■	6
16	8	15	2	6	10	■	10	9	3	25	6	25
■	3	■	14	■	7	■	7	■	6	■	18	■
15	13	20	6	■	25	6	3	■	14	7	16	15
■	14	■	■	■	14	■	■	■	9	■		
16	8	23	11	■	19	9	14	■	19	9	14	13
■	13	■	7	■	14	■	6	■	20 (Y)	■	5	■
23	2	21	21	15	6	■	10	21 (O)	10	10	21	19
21	■	■	15	■	15	6	9	■	21	■	■	21
12	7	23	11	■	15	■	17	■	3	9	7	10
15	■	21	■	18	6	13	6	15	■	10	■	20
2	20	16	14	7	25	■	15	7	22	7	3	5
6	■	14	■	3	■	■	1	■	26	■	21	
25	14	9	1	13	15	■	15	13	14	6	12	3

A B C D E F G H I J K L M N Ø P Q R S T U V W X Y Z

1	2	3	4	5	6	7	8	9	10	11	12	13
14	15	16	17	18	19	20 (Y)	21 (O)	22	23	24	25	26

2	25	6	4		3	22	10	10		20	25	25
16		12		5		10		21		12		10
19	22	18	18	16	23	9		16	23	15	1	14
10		14		9		1		23		8		21
12	4	4	16	9	23		19	25	15	1	10	25
14				15		24				4		24
16	8	12	9	1		10	16	4	25	14	14	25
23		8				22		16				11
9	15	12	24	24	1	23		9	16	24	24	13
		4		1		7		21		1		
10	1	4	1	14		12	14	14	12	20	21	1
1				1		10				25		8
16	23	5	22	10	1	24		14	21	10	25	19
23		25				4		25				1
18	10	22	9	12	15		26	22	12	10	14	17
25		10		19		25		20		16		17
10	12	23	20	21		3	15	12	13 Y	18	22	15
20		12		25		22		23		15 L		1
1	1	15		10	22	4	21		14	1	23	24

A B C D E F G H I J K L̷ M N O P Q R S T U V W X Ẏ Z

1	2	3	4	5	6	7	8	9	10	11	12	13 Y
14	15 L	16	17	18	19	20	21	22	23	24	25	26

16	14	14	17	1	26		26	9	22	17	24	5
	6		1		20		18		12		22	
14	16	20	5		1	16	18		3	22	24	2
	12				22						16	
16	25	25	2		2	16	18		21	26	12	18
			21		26		22		17			
2	4	15	5	26	25		10	26	3	19	24	23
	23						21		19		23	
2	17	19	23		18	22	5		2	22	17	24
	3		22		15						26	
18	26	15	7	26	25		2	24	12	15	14	26
			15		19		9		17			
16	11	26	3		26	7	22		8	22	14	14
	17						15				12	
18	12	16	4		17	10	10		13	16 (O)	16	7
	22		15		11		16		17		13 (Z)	
15	2	24	12	15	5		12	15	8	17	26	12

A B C D E F G H I J K L M N Ø P Q R S T U V W X Y Ƶ

1	2	3	4	5	6	7	8	9	10	11	12	13 Z
14	15	16 O	17	18	19	20	21	22	23	24	25	26

133

When you have cracked the code and completed the grid, fill in the boxes at the bottom to reveal a word meaning clumsy.

8	10	24	15	1		14	8	1	26	25	10	26
6		17		16		8		2		3		4
6	10	8	4	24	16	4		26	6	8	13 W	12
8		18		26				21		26		16
10	16	8	12		15	12	9	2	6	6	25	14 D
26		14		25		16		20		25		
	13	16	16	14	13	16	17	21		17	8	5
26				2		26				8		11
20	17	15	1	24		25	23	15	8	5	16	17
16		12		10				12		25		15
17	25	19	17	25	26	11		13	2	26	6	26
20		16				16		2				5
11	25	17		22	15	18	25	12	2	10	25	
		7		8		25		14		16		16
17	8	2	10	20	8	17	14		20	17	15	3
2		18		15				2		17		4
19	17	2	9	9		22	15	14	7	2	12	7
5		12		9		8		25		25		25
26	2	7	12	2	19	4		8	17	26	16	12

A B C Ø E F G H I J K L M N O P Q R S T U V Ŵ X Y Z

1	2	3	4	5	6	7	8	9	10	11	12	13 W
14 D	15	16	17	18	19	20	21	22	23	24	25	26

1	8	10	8	14 D	17	16	2	5

Moderate

7	9	8	18	10	8	3	23		25	16	1	24
10		25		13		1			10			9
23	1	20	2	16	9	23	15		10	2	9	2
24		8		23		15		5		3		23
1	15	25	13		10	17	15	9	13	10	15	25
10	8	15 T				8		18				6
	1		10 A		10	21	26	25		7	26	17
16	9	17	2	3	23			4		26		25
8			15		5	10	26	25		25		2
9	2	26	1	2	25		25	8	8	10	2	15
15		10		17	23	25	3		9			26
25		11		8			20	26	9	23	23	22
24	8	22		23	9	26	25		19		5	
15				1		22				21	17	15
1	2	7	10	2	15	8	22		18	1	15	5
4		8		20		1		14		23		17
25	12	1	15		10	24	24	17	23	15	9	13
26		26				10		8		8		21
22	25	26	16		16	26	10	22	21	9	22	23

A B C D E F G H I J K L M N O P Q R S T U V W X Y Z

1	2	3	4	5	6	7	8	9	10 A	11	12	13
14	15 T	16	17	18	19	20	21	22	23	24	25	26

A B C D E F G H I J K L M N O P Q R S T U V W X Y Z

1	2	3	4	5	6	7	8	9	10	11	12	13
14	15	16	17	18	19	20	21	22 (D)	23	24	25 (N)	26

23	24	12	14	14		15	11	9	17	24	20	
5		17		7		11		19		7		23
12	13	16		16	3	8	16	13	24	11	17	24
19		8		17		16		16		25		11
14	12	24	24	16	7		22	7	10	18	23	20
9				24		16				11		
19	12	21	9	12	22	23		24	7	20	23	24
		9		13		24		12				10
26 G	10 O	10	22		11	11	7	22	6	11	7	5
11		24		24		4		16		19		16
14	19	16	3	12	4	19	16		23	24	9	17
14				22		12		10		11		
16	17	15	10	20		23	16	6	16	7	11	19
		10				2		16				10
4	19	12	17	22	23		13	7	20	12	17	26
10		17		10		8		9		17		4
4	19	12	1	1	11	7	22	23		11	22	10
23		17		16		16		16		17		10
	11	26	16	17	13	20		23	8	16	13	5

A B C D E F G̸ H I J K L M N Ø P Q R S T U V W X Y Z

1	2	3	4	5	6	7	8	9	10 O	11	12	13
14	15	16	17	18	19	20	21	22	23	24	25	26 G

17	7	21	19	13	14	17	■	■	6	■	5	■
■	18	■	13	■	5	■	8	15	23	19	11	25
12	6	6	14	6	11	■	21	■	16	■	17	■
■	11	■	■	16	10	5	17	6	2	10	18	
22	10	4	10	■	26	■	17	■	14	■	1	■
19	■	■	8	15	5	25	7	■	26	7	6	18
12	21	10	8	■	10	■	2	■	19	■	■	6
■	6	■	15	■	22	15	15	20	15(O)	5	26	17
8	22	19	26	24	■	■	21	■	11(N)	■	15	■
■	10	■	■	■	19	21	20	■	■	■	13	■
■	26	■	9	■	11	■	■	6	9	6	16	26
17	6	3	5	6	11	16	6	■	10	■	10	■
15	■	■	12	■	15	■	23	■	19	15	26	10
2	19	11	25	■	4	15	16	10	22	■	■	5
■	21	■	6	■	10	■	6	■	17	5	22	20
16	15	13	13	5	26	6	21	■	■	■	5	■
■	11	■	6	■	15	■	14	22	18	19	11	25
22	6	10	11	6	21	■	26	■	15	■	10	■
■	12	■	26	■	■	6	17	3	5	19	21	6

A B C D E F G H I J K L M N O P Q R S T U V W X Y Z

1	2	3	4	5	6	7	8	9	10	11 N	12	13
14	15 O	16	17	18	19	20	21	22	23	24	25	26

Moderate

		20	21	25	10	13	10	7	25	7		
	22		14		17		14		20		5	
7	12	20	20	25	7		9	11	5	10	21	7
	9		26		10				4		20	
13	9	14	9		7	8	13	21	12	20	17	8
	1		4		25		16		24			
21	9	25	25	8		25	12	14	20	5	15 G	12 H
			9		2		20		22		5	
7	6	10	24	24	10	17	15		17	9	16	25
	17				17		16				3	
4	20	22	23		16	13	17	9	7	10	16	4
	22		5		17		8		16			
10	17	9	18	16	4	25		2	23	8	9	14
			5		9		19		3		18	
4	12	16	14	10	7	13	16		16	4	12	9
	5		10				17		15		16	
7	9	17	16	25	9		10	4	10	4	23	9
	7		25		15		7		17		9	
		12	9	24	15	9	12	20	15	7		

A B C D E F G H I J K L M N O P Q R S T U V W X Y Z

1	2	3	4	5	6	7	8	9	10	11	12 H	13
14	15 G	16	17	18	19	20	21	22	23	24	25	26

4	23	17	17	12	14		6	4	25	2	14	6
25		9		11				9		9		17
21	19	23	22	14	6		8	25	16	25	25	19
21		4		6	4	19	25 A	5		2		25
11	10	23	13		11		19 R		10	11	4	26
13			14		18	25	19		19			14
21	25	4	14	25	3		25	18	25	16	14	20
	22		20		12		10		5		24	
1	14	4	6		11	13	2		12	23	10	2
	13				23						12	
15	3	11	16		23	19	14		8	19	25	26
	14		23		10		24		3		11	
14	6	10	23	19	4		14	13	11	21	18	25
13			18		25	19	10		12			15
9	11	4	6		21		3		4	23	7	3
25		23		25	23	19	4	25		10		25
13	25	17	2	11	13		14	7	7	14	10	4
10		11		12				25		25		11
14	24	10	14	6	6		11	19	23	13	11	10

À B C D E F G H I J K L M N O P Q Ŕ S T U V W X Y Z

1	2	3	4	5	6	7	8	9	10	11	12	13
14	15	16	17	18	19 R	20	21	22	23	24	25 A	26

140

When you have cracked the code and completed the grid, fill in the boxes at the bottom to reveal an island resort.

Difficult Codewords

15	22	17	1	8	21	■	8	3	15	2	16	15
■	25	■	6	■	25	■	19	■	20	■	1	■
12	18	11	13	5	18	25	18	■	1	24	21	17
■	24	■	2	■	11	■	25	■	2	■	1	■
1	6	17	2	■	15	24	21	25	15	24	12	3
■	1	■	1	■	10	■	■	■	■	■	14	■
12	2	17	12	3	15	■	22	17	5	5	2	15
■	17	■	■	■	■	■	15	■	2	■	21	■
8	4	14	18	6	25	17	24	■	17	24	14	8
■	14	■	8	■	15	■	15	■	9	■	25	■
7	15	15	11	■	11	18	25	18	23	23	1	24
■	24	■	1	■	2	■	1	■	2	■	8	■
8	21	17	12	26	13	■	12	17	13	17	21 **T**	15

A B C D E F G H I J K L M N O P Q R S T U V W X Y Z

1	2	3	4	5	6	7	8	9	10	11	12	13
14	15	16	17	18	19	20	21 **T**	22	23	24	25	26

Difficult

19	3	15	15	4	7	6	■	1	4	24	25	3
20	■	3	■	18	■	4	21	17	■	2	■	19
9	25	14	17	3	7	23	■	3	22	5	2	17
11	■	3	■	20	■	20	3	1	■	25	■	8
11	4	20	4	■	19	■	■	20	4	14	■	3
■	■	25	3	12	17	11	13	8	■	8	17	15
11	■	■	26	■	3	■	3	■	19	■	■	13
13	17	3	■	16	5	3	15	13	5	25	■	■
2	■	24	15	5 U	■	■	6	■	11	4	4	13
17	■	17	■	9	15	15	■	3	■	13	■	17
13	17	15	4	15	■	17	20	5	11	9	18	17
7	■	1	■	7	4	10	■	2	■	■	18	■	15
23	17	3	18	17	■	13	2	3	24	17	1	8

A B C D E F G H I J K L M N O P Q R S T U̷ V W X Y Z

1	2	3	4	5 U	6	7	8	9	10	11	12	13
14	15	16	17	18	19	20	21	22	23	24	25	26

18	5	3	16	6		26	19	2	3	9	16	21
5		23		11		20		5		18		20
4	23	9	16	22	26	25		14	5	25	6	12
12		12		23				9				7
19	12	18	26	20	16	3		18	23	20	8	6
22		9				9		19		22		23
	20	3	3	23	5	11	9	2	20	22	6	
22		20		5		9				6		6
20	26	26	5	10		6	24	19	9	12	5	11
23				26 **L**				3		22		18
9	7	26	5	5		15	19	16	22	9	18	6
13		6		18		20		6		1		3
13	26	9	18	17	6	23		22	21	6	13	22

A B C D E F G H I J K L M N O P Q R S T U V W X Y Z

| 1 | 2 | 3 | 4 | 5 | 6 | 7 | 8 | 9 | 10 | 11 | 12 | 13 |
| 14 | 15 | 16 | 17 | 18 | 19 | 20 | 21 | 22 | 23 | 24 | 25 | 26 **L** |

14	23	16	10	16	23	14		4	3	10	8	24
	14		3		22		7		14		16	
6	18	12	2	22	12	14	6	12	18	20	12	7
	10		6		14		9				12	
8	16	10	13	5	10	14 (R)	16		6	7	13	12
	12		6				10		18		17	
		16	10	13	9	10	16	6	1	12		
	15		14		13				12		7	
23	14	11	17		10	26	8	12	18	16	12	12
	12				2		16		16		16	
7	12	18	7	14	23	13	23	11	6	20	10	13
	25		3		18		19		23		6	
21	12	5	12	13		8	22	10	18	11	13	17

A B C D E F G H I J K L M N O P Q R S T U V W X Y Z

1	2	3	4	5	6	7	8	9	10	11	12	13
14 R	15	16	17	18	19	20	21	22	23	24	25	26

22		25		4		18		18		2		1
24	21	11	8	24		10	21	7	19	3	24	15
14		8		9		13		23		21		10
24	20	24	10	1	11	22		1	13	2	11	11
16		21				13		7				11
24	23	24	10	22	13	2	21	24		8	7	14
		18		24				1		13		
13	18	18		17	7	21	11	25	24	22	1	5
18				7		11				21		24
18 S	8	11	11	14		10	13	18	18	13	12	13
7		6		26		13		10		14		21
18	17	7	21	21	24	1		22	24	10	1	11
1		1		24		24		15		24		1

A B C D E F G H I J K L M N O P Q R S T U V W X Y Z

1	2	3	4	5	6	7	8	9	10	11	12	13
14	15	16	17	18 S	19	20	21	22	23	24	25	26

	6	15	8	20	18	16	21		2	10 **S**	26	3
15		26		18		8		26		18		16
9	25	10	23	25	3	10		19	25	13	16	2
25		16		10		18		9		2		25
3	25	10	16	2		21	25	26	9	25	8	
19				16		2		8		17		26
18	8	14	8	15	2		10	2	26	2	16	12
25		16		8		22		26				3
	18	8	22	26	16	3		24	25	12	14	15
10		24		13		16		25		11		8
5	25	19	26	21		4	15	15	21	15	24	1
25		15		25		4		18		16		5
7	15	5	13		25	1	25	10	15	3	25	

A B C D E F G H I J K L M N O P Q R S T U V W X Y Z

1	2	3	4	5	6	7	8	9	10 **S**	11	12	13
14	15	16	17	18	19	20	21	22	23	24	25	26

147

When you have cracked the code and completed the grid, fill in the boxes at the bottom to reveal a cottage feature.

	23	26 A	24	24	20		22	5	19	26	21	
1		24		10				14		3		6
13	11	11	8	7	5		1	22	21	7	13	5
11		26		21		22		10		26		25
22	26	10	26	21	21	5	21	11	9	10	26	25
5		19		7		10		22		20		20
			4	26	16	4	26	10	5			
1		15		16		11		7		1		13
18	2	26	10	23	5	10	25	26	1	23	5	10
2		10		7		25		23		26		11
7	16	19	5	16	23		17	7	16	16	11	17
24		5		5				11		12		19
	1	16	7	19	5		7	16	21	26	20	

A B C D E F G H I J K L M N O P Q R S T U V W X Y Z

1	2	3	4	5	6	7	8	9	10	11	12	13
14	15	16	17	18	19	20	21	22	23	24	25	26 A

7	16	9	21	5	16	11	11	8

Difficult

	4		24		14		6		9		17	
6	23	11	9	10	11		15	14	18	23	11	22
	1		23		8	7	7		2		23	
16	15	23	10		24		9		1	23	20	21
	23			25	21	3	2	13			21	
17	11	23	12	8		8		10	8	15	19	1
		13		12	2	1	2	3		24		
16	15	21	15	21		2		21	6	21	11	10
	19			3	8	5	15	6			2	
1	3	8	18		12		19		17	23	17	10
	8		2		2	3	3		8		17	
23	5	15	6	21	19		2	19	22	8	8	11
	26		14		21		9		10		19	

A B C D E F **G** H I J K L M N O P Q R S T U V W X Y Z

1	2	3	4	5	6	7	8	9	10	11	12	13
G												
14	15	16	17	18	19	20	21	22	23	24	25	26

1	4	2	2	4	14	15		8	4	13	13	17
	15		1		22		20		14		14	
20	14	12	16	22	4	6	9	25	10	4	23	26
	25		16		25		10				23	
2	26	18	6	7	9	1	12		16	24	16	12
	6		16				16		5		10	
		4	12	12	9	17	4	12	20	16		
	11		16		21				15		16	
23	18	10	10		16	19	19 **F**	15	18	16	12	6
	14				15		9		2		7	
6	10	4	12	11	18	14	15	15	14	2	16	10
	3		14		2		14		9		4	
2	17	15	23	26		20	9	18	12	6	10	17

A B C D E F G H I J K L M N O P Q R S T U V W X Y Z

1	2	3	4	5	6	7	8	9	10	11	12	13
14	15	16	17	18	19 **F**	20	21	22	23	24	25	26

10	7	10	3			25	8	12	22	20	9	6	5
	12		15			8		6		9		9	
10	17	14	21	13	18		13	9	6	22	18	2
	15		18		12		1		26			
14	21	24	18		14	10	12	8	9	26	21	18
	18		4				10				17	
3	22	18	18	25	8	18 E	13	1	12	3	18	6
	22				21				14		2	
17	18	11	13	9	5	18	6		16	12	25	18
			18		7		18		21		10	
14	12	1	8	10	12		7	10	17	12	6	19
	25		8		26		21		13		18	
23	18	17	9	5	9	21	3		22	10	14	19

A B C D É F G H I J K L M N O P Q R S T U V W X Y Z

1	2	3	4	5	6	7	8	9	10	11	12	13
14	15	16	17	18 E	19	20	21	22	23	24	25	26

20	15	21	13		23	18	18	23	22	
6		2		21		6		22		16
22	11	13		18	8	24	24	22	21	15
22		21		11		24		11		21
	23	7 **N**	11	7		23	13	13	6	17
		4		1		24				5
4	5	6		14	23	24	8	15	5	23
1		11			16			21		26
19	23	7	25	8	21	13		17	8	21
23				7		3		21		
15	23	19	19	6		15	11	4	1	
6		15		20		11		4		10
13	15	6	17	11	15	7		6	17	21
21		17		15		26		9		20
	4	5	6	14	18		12	21	4	13

A B C D E F G H I J K L M N O P Q R S T U V W X Y Z

1	2	3	4	5	6	7 **N**	8	9	10	11	12	13
14	15	16	17	18	19	20	21	22	23	24	25	26

2	14	7	17	8		16	8	18	5	1
17		14		16		21		20		18
26	17	2	1	8	16	26		17	1	20
16		19		23		17		22		21
3	16	26		4	23	1	1	23	2	17
		13		12		4				13
1	8	17	24		18	14	9	17	13	4
23		18			2			25		11
6	5	23	17	1	12		15	5	2	12
5				14		9		8		
23	1	4	5	17	2	12		18	5	26
1		14		26		7		5		16
4	14	4		9	14	14	4 T	13	23	24
23		23		14		2		17		24
2	23	21	16	10		3	16	2	4	12

A B C D E F G H I J K L M N O P Q R S T U V W X Y Z

| 1 | 2 | 3 | 4 T | 5 | 6 | 7 | 8 | 9 | 10 | 11 | 12 | 13 |
| 14 | 15 | 16 | 17 | 18 | 19 | 20 | 21 | 22 | 23 | 24 | 25 | 26 |

10	9	5	19	8		19	10	17	22	22
5		21		5		9		12		5
3	5	19	7	26		24	1 C	1	17	9
3		3				20		15		24
13	2	23	15	6	9	19	13	19	3	
5				5				12		25
23	24	9	12	19	6	24		4	19	18
15		5		23		8		5		24
5	3	20		15	24	19	9	6	5	9
9		2				18				23
	2	12	2	11	17	2	23	24	17	25
14		2		17				9		13
5	12	25	17	5		25	8	2	16	5
5		1		9		17		5		19
18	2	5	23	26		20	24	3	19	9

A B C D E F G H I J K L M N O P Q R S T U V W X Y Z

1 C	2	3	4	5	6	7	8	9	10	11	12	13
14	15	16	17	18	19	20	21	22	23	24	25	26

Difficult

154

When you have cracked the code and completed the grid, fill in the boxes at the bottom to reveal a type of soldier.

8		9		9		8		21		21
10	16	12	8	12		24	15	13	12	17
14		17		6		21		9		17
1	9	12	23	14	12	22		15	22	24
12		12		3		8 **S**				12
24	25	26	4		8	10	9	12	8	8
17		15		15		21		19		8
	21	4	8	5	25	9	14	10	18	
25		11		5		26		9		7
24	12	12	17	11	12		9	15	20	12
3				14		2		5		9
21	22	24		23	15	25	11	10	12	9
17		14		14		21		14		25
11	14	3	16	10		10	9	21	11	11
18		16		18		15		24		12

A B C D E F G H I J K L M N O P Q R S T U V W X Y Z

1	2	3	4	5	6	7	8 **S**	9	10	11	12	13
14	15	16	17	18	19	20	21	22	23	24	25	26

5	12	24	10	25	9	14	21	24

	23		26		22		3		9	
24	1	23	16		10	23	1	5	26	
	7		22		4		17		18	
16	8	6	26	8	16		1	11	18	10
	1		12		10		3		1	
	3	1	12	12	1	19	26	6	6	
			23		3				11	
6	20	4	26	26		18	13	10	19	2
	23				20		1			
	26	14	18	4	10	20	18	11	4	
	10		11		23		25		26	
11	17 V	26	4		8	19	25	11	11	5
	10		15		16		11		15	
	2	4	11	10	19		23	26	26	5
	26		4		21		3		19	

A B C D E F G H I J K L M N O P Q R S T U V W X Y Z

1	2	3	4	5	6	7	8	9	10	11	12	13
14	15	16	17 V	18	19	20	21	22	23	24	25	26

Difficult

16	24	1	15	2	20	12	24			22
25		10		3		25		5		1
15	1	7	25	19		13	3	20	1	4
15		25		26		3		1		11
21	26	4	4		8	26	14	14	1	12
		7		9		19				20
20	14	26	10	20		19 T	20	12	1	19
23				14		26		4		
20	23	4	20	17	26		15	25	6	25
10		25		1		1		16		12
11	14	25	25	15		23	4	3	10	19
25		19		20		26		14		26
10			1	10	26	18	15	26	14	19

A B C D E F G H I J K L M N O P Q R S T U V W X Y Z

1	2	3	4	5	6	7	8	9	10	11	12	13
14	15	16	17	18	19 T	20	21	22	23	24	25	26

The Times Codeword

157

	19		21		21		7		18	
10	25	14	5	1	11		16	14	25	21
	21		1		25		21		23	
21	11	16	15		19	1	21	1	14	11
			1		4		25		4	
23	2	2	19	23	13		26	16	23	11
	22								19 R	
1	9	22	11		1	26	3	19	13	16
	23		25		14		16			
21	11	23	3	24	1		19	25	14	11
	22		22		19		20		22	
16	8	1	14		6	19	16	25	17	12
	1		6		13		22		5	

A B C D E F G H I J K L M N O P Q R S T U V W X Y Z

1	2	3	4	5	6	7	8	9	10	11	12	13
14	15	16	17	18	19 R	20	21	22	23	24	25	26

Difficult

18	15	15	7		5	12	12	24	16	
12		26		8		6		10		8
15	3	10		20	25	15	7	13	20	21
16		20		4		7		12		13
	21	6	20	2		13	12	25	20	19
		12		12		21				14
1	21	19		3	21	9	20	3 M	10	3
21		21			4			12		21
19	15	1	1	20	4	13		25	21	25
7				3		20		17		
12	9	1	20	11		5	10	4	13	
4		21		20		14		14		21
4	10	7	24	15	20	13		12	7	23
15		6		13		4		12		1
	4	21	13	16	7		21	2	22	15

A B C D E F G H I J K L M N O P Q R S T U V W X Y Z

| 1 | 2 | 3 M | 4 | 5 | 6 | 7 | 8 | 9 | 10 | 11 | 12 | 13 |
| 14 | 15 | 16 | 17 | 18 | 19 | 20 | 21 | 22 | 23 | 24 | 25 | 26 |

The Times Codeword

18	26	25	25	1		24	25	21	14	3
26		23		13		13		9		13
12	2	12	18	10	25	11		3	13	7
13		10		14		18		6		6
16	12	8		20	25	25	5	26	21	1
		10		2		9				12
14	26	25	11		23 V	12	26	23	12	3
15		11		13				12		12
20	25	9	12	14	3		21	14	12	10
9				17		11		3		
13	19	6	1	21	3	20		6	1	4
21		1		6		6		8		13
19	6	4		14	13	26	14	6	22	2
12		12		20		14		13		12
10	13	26	26	2		3	6	26	5	12

A B C D E F G H I J K L M N O P Q R S T U V W X Y Z

1	2	3	4	5	6	7	8	9	10	11	12	13
14	15	16	17	18	19	20	21	22	23 V	24	25	26

24	2	25	10	10			11	1	11	8	7
6		15		6			13		9		9
10	18	22	9	17			9	2	10	1	5
11		20					1		22		8
1	16	17	6	26	6	10	17	6	11		
2				22				10		23	
24	2	1	16	20	25	17		17	25	9	
9		21		11		22		2		5	
5	22	5		13	1	5	25	7	25	24	
17		25				6				20	
	16	2	1	4	25	11	17	6	20	25	
3		20		25				11		9	
9	12	25	2	17		23	20	6	5	24	
14		10		17		1		5		25	
25	10	10	9	7		16	9	19	25	2	

A B C D E F G H I/J K L M N O P Q R S T U V W X Y Z

1	2	3	4	5	6	7	8	9	10	11	12	13
14	15	16	17	18	19	20	21	22	23	24	25	26

161

When you have cracked the code and completed the grid,
fill in the boxes at the bottom to reveal something related
to the patron saint of the Czech Republic.

4	23	1	24	8	11		23	14	14	22	14	14
2		2		2		7		12		22		1
19	23	8		7	24 **O**	11	8	3		1	22	2
26				17		23		23				13
	7	25	23	11	24	19		9	24	3	13	6
5		3				2				19		20
23	1	10	3	5		9	22	20	23	2	19	
21				3		22		22		20		
22	19	7	23	5	8		2	19	15	22	7	20
		6		8		23		22				2
	25	23	19	14	24	5		20	25	23	16	1
24		2				8				1		20
14	6	25	3	10		6	23	7	17	1	22	
8				22		24		24				11
25	3	22		18	2	25	23	1		5	24	24
22		25		22		23		2		23		13
11	22	23	25	1	11		23	7	23	7	2	23

A B C D E F G H I J K L M N Ø P Q R S T U V W X Y Z

1	2	3	4	5	6	7	8	9	10	11	12	13
14	15	16	17	18	19	20	21	22	23	24 **O**	25	26

16	22	19	7	22	14	1	23	14

Difficult

14	21	19	22	10	20	1	23		9	6	10	5
23		10		15		24				11		3
22	11	18	10	6	10	22	21		11	15	6	23
9		23		26		1		1		17		7
7	11	13	5		22	13	9	15	20	1	10	7
3				14		15		10		15		
11	13	5	23	9	7			25	11	6	1	19
13		10		5	9	10	13	21		22		23
16	10	19	19		14		9		14	10	15	10
23		22		9	12	9	19	23		11		19
13	1	13	9	7			24	7	23	15	1	14
		1		7		12		7				11
24	9	19 **S**	19	9	12	7	23		19	22	9	4
13		22		21		23		2		13		13
11	13	25	23		24	9	13	9	12	11	7	9
18		1			6			19		11		24
21	11	7	16		6	26	1	22	8	24	9	26

A B C D E F G H I J K L M N O P Q R Ṡ T U V W X Y Z

| 1 | 2 | 3 | 4 | 5 | 6 | 7 | 8 | 9 | 10 | 11 | 12 | 13 |
| 14 | 15 | 16 | 17 | 18 | 19 **S** | 20 | 21 | 22 | 23 | 24 | 25 | 26 |

22	19	14	13	■	22	18	6	25	26	9	19	14
18	■	1	■	23	■	2	■	26	■	26	■	12
3	13	20	6	9	12	1	■	2	13	24	13	3
22	■	19	■	18	■	4	■	7	■	■	■	18
2	18	14	18	14	18	■	17	8	19	14	13	2
8	■	■	■	10	■	22	■	13	■	12	■	19
25	13	21	21	26	20	19	20	13	■	19	20	20
23	■	13	■	22	■	14	■	■	■	25	■	13
■	■	26	15	13	2	9	19	24	3	13	■	■
16	■	3	■	■	■	26	■	26	■	2	■	12
26	22	18	■	26	8	9	18	14 (C)	2	26	14	1
2	■	8	■	24	■	13	■	12	■	■	■	22
9	19	23	23	8	13	■	15	13	20	13	13	2
12	■	■	■	9	■	23	■	3	■	5	■	18
19	20	6	18	9	■	5	2	18	3	18	20	6
20	■	13	■	26	■	19	■	2	■	14	■	13
6	26	20	6	3	26	20	22	■	11	12	13	20

A B Ç D E F G H I J K L M N O P Q R S T U V W X Y Z

1	2	3	4	5	6	7	8	9	10	11	12	13
14 C	15	16	17	18	19	20	21	22	23	24	25	26

22	24	6	14	12	12	8	12		17	11	5	8
	21		18		11		24		21		8	
22	11	16	21	24	10		22	25	8	12	6	11
	20		24		3		10		8		5	
26	14	10	20	4		12	11	1	1	6	8	21
	22		14		23		6		8		26	
5	11	21	26	25	24	12	24		21	8	8	17
			24		25		19				8	
18	8	14	21	8	21		25	10	2	11	10	7
	13				10		11		24			
12	9	14	22		14	12	12	8	22	18	6	4
	25		4 Y		6		26		14		8	
7	21	14	12	26	11	16		12	10	8	14	3
	20		26		12		25		15		3	
12	14	7	11	12	26		6	24	24	17	14	15
	26		17		11		10		24		20	
21	8	6	4		16	15	14	10	7	6	8	21

A B C D E F G H I J K L M N O P Q R S T U V W X Y̸ Z

1	2	3	4 Y	5	6	7	8	9	10	11	12	13
14	15	16	17	18	19	20	21	22	23	24	25	26

12	21	1	8	15	4	12	14	■	21	6	19	23
■	6	■	24	■	17	■	8	■	6	■	6	■
20	9	17	5	12	25	■	22	6	9	17	4 **T**	3
■	25	■	12	■	3	■	20	■	25	■	17	■
7	8	10	20	14	■	11	8	9	17	8	9	4
■	6	■	9	■	19	■	■	■	15	■	8	■
13	20	6	25	14	6	9	4	■	12	6	4	2
■	■	17	■	■	9	■	6	■	12	■	4	■
17	19	11	6	9	25	■	11	17	4	4	8	14
■	12	■	21	■	6	■	8	■	■	18	■	■
19	15	20	25	■	11	12	9	8	19	12	10	8
■	17	■	12	■	■	■	4	■	6	■	8	■
5	6	11	10	17	19	4	■	19	5	20	10	8
■	11	■	17	■	15	■	12	■	11	■	8	■
18	17	9	9	8	14	■	5	11	17	6	9	4
■	4	■	6	■	■	17	■	6	■	9	■	4
16	8	6	11	■	5	12	11	3	26	11	12	4

A B C D E F G H I J K L M N O P Q R S **T** U V W X Y Z

1	2	3	4 **T**	5	6	7	8	9	10	11	12	13
14	15	16	17	18	19	20	21	22	23	24	25	26

Difficult

4	21	10	23	■	13	8	9	■	12	8	3	5
7	■	■	20	22	24	■	24	21	8	■	■	20
22	2	9	3	■	18	■	5	■	3	21	9	22
19	■	■	9	3	2	15	21	3	20	■	■	2
15	8	18	23	■	■	22	■	■	9	8	26	16
■	■	3	■	25	22	20	26	22	■	2	■	■
4	23	2	26	23	■	26	■	25	23	22	19	4
8	■	3	■	4	19	23	22	4 **D**	■	25	■	23
17	21	26	■	19	■	■	■	21	■	22	19	17
22	■	16	■	21	22	16	8	18	■	26	■	21
9	19	3	20	20	■	23	■	23	9	13	23	19
■	■	19	■	20	3	2	23	2	■	23	■	■
4	22	9	22	■	■	4	■	■	3	4	21	20
8	■	■	26	21	14	21	8	19	2	■	■	8
2	23	6	9	■	21	■	5	■	23	11	23	2
17	■	■	3	20	20	■	21	8	19	■	■	1
23	7	23	19	■	9	21	2	■	9	3	20	23

A B C Ø E F G H I J K L M N O P Q R S T U V W X Y Z

1	2	3	4 **D**	5	6	7	8	9	10	11	12	13
14	15	16	17	18	19	20	21	22	23	24	25	26

14	23	9	17	16	16		13	20	5	3	13 (G)	22
	9		16		22		17		22		16	
10	17	26	8		21	17	11		15	9	20	5
	15				1						24	
14	3	9	17		5	9	8		14	20	21	1
			15		13		15		23			
14	24	6	26	20	1		22	7	9	16	17	15
	25						22		20		13	
26	20	14	14		26	9	26		2	15	20	11
	14		17		17						16	
1	24	4	5	20	7		12	22	15	13	1	24
			2		17		20		22			
24	4	1	6		25	17	19		8	9	12	12
	17						24				15	
22	18	17	16		12	16	9		8	16	9	15
	22		1		1		15		1		26	
22	7	24	17	18	1		1	19	1	26	11	24

A B C D E F G H I J K L M N O P Q R S T U V W X Y Z

1	2	3	4	5	6	7	8	9	10	11	12	13 (G)
14	15	16	17	18	19	20	21	22	23	24	25	26

168

When you have cracked the code and completed the grid, fill in the boxes at the bottom to reveal a type of dwelling.

7	5	18	23	5	23			24	1	9	10	7	20
	9		20		21		21		20		5		
7	5	14	10		23	20	5		1	24	14	15	
			5						9		10		
13	2	24	19	5	22		7	9	10	3	3 **N**	15	
	3				20		21				1		
13	10	25	10	11	10	23	15		23	5	24	14	
	23		4		16		1		21				
11	15	24	10	13				12	24	1	16	20	
			21		17		14		7		20		
7	23	5	14		21	18	15	14	21	24	21	3	
	5				3		23				23		
5	6	2	1	23	5		20	15	7	7	21	16	
	2		11						13				
9	10	11	21		1	10	4		21	2	7	23	
	11		3		18		2		22		16		
26	1	3	12	11	5		8	1	11	7	1	14	

A B C D E F G H I J K L M N O P Q R S T U V W X Y Z

1	2	3 **N**	4	5	6	7	8	9	10	11	12	13
14	15	16	17	18	19	20	21	22	23	24	25	26

19	1	24	14	20	21	2	7	5	

The Times Codeword

8		23		23		16		7		7		24
11	18	2	11	25	21	11	10	19		2	11	23
11		11		25		21		16		4		22
26	21	18	11	16		24	16	23	10	25	3	23
5				11		10		19				18 X
	13	8	11	7	11		16	4	10	15	23	5
23		11		7		7		3		13		
3	13	6	4	11	19	19	11		14	22	23	3
21		4		11		16		1		26		13
25	4	11	22		25	21	12	21	7	21	13	10
		7		16		2		19		7		1
20	13	19	19	11	16		21	19	14	9	5	
11				22		3		21				8
7	6	4	11	11	17	5		15	23	12	11	16
19		16		23		10		23		11		4
11	24	24		7	22	23	14	1	10	11	7	7
16		11		11		9		11		16		9

A B C D E F G H I J K L M N O P Q R S T U V W X Y Z

1	2	3	4	5	6	7	8	9	10	11	12	13
14	15	16	17	18 X	19	20	21	22	23	24	25	26

Difficult

3		24		3		18		17		3		24
6	9	23	15	6	5	25	10	23	3	13	25	4
25		13		21		2		24		1		25
13	4	16	23	13		24	5	20	24	5	20 **F**	24
15		15				13		20		23		
19	24	4	10	3	19	21	22		21	3	5	25
		24		5		16		3				21
26	21	13	4	25		9	16	13	25	22	24	10
24		21		24				23		16		25
14	24	15	23	11	11	21		22	16	5	24	4
16				1		9		16		1		
4	16	12	25		21	9	13	4	25	22	21	10
		25		3		23				19		24
7	24	13	13	24	8	25		3	13	16	21	15
19		21		5		9		13		9		13
21	9	10	21	18	21	10	23	24	5	21	13	1
13		25		25		16		1		15		5

A B C D E F G H I J K L M N O P Q R S T U V W X Y Z

1	2	3	4	5	6	7	8	9	10	11	12	13
14	15	16	17	18	19	20 **F**	21	22	23	24	25	26

The Times Codeword

5	8	2	12	8	13	2	23		21	18	18	21
13		18		7		18				12		17
22	18	24	18	4	4	18	22		11	8	1	1
2		18		6		10		9		26		18
23	8	25	10		11	18	23 H	17	4	21	18	25
5				23		22		4		26		
13	2	2	13	26	4			4	26	2	4	18
4		10		2	26	20	15	6		15		24
4	17	8	21		21		23		5	13	5	13
17		4		1	17	25	13	4		25		25
3	18	21	7	18			25	18	15	15	4	18
		8		11		12		18				2
24	26	7	17	22	17	8	2		15	13	4	16
26		7		13		13		2		4		18
22	18	18	21		14	22	26	16	15	26	17	25
8		22				15		13		11		16
2	15	6	18		23	17	22	25	19	26	19	18

A B C D E F G H I J K L M N O P Q R S T U V W X Y Z

1	2	3	4	5	6	7	8	9	10	11	12	13
14	15	16	17	18	19	20	21	22	23 H	24	25	26

Difficult

22	13	22 T	6	8	1		25	7	15	9	25	8
	22		18		9		18		11		15	
22	25	9	5		16	13	22		11	3	2	22
			4						3		19	
5	3	24	13	3	10		17	9	5	23	3	5
	11				3		15				6	
10	13	12	12	13	12	4	25		24	18	22	3
	6		9		11		8		13			
25	22	18	12	1				16	18	14	1	16
			12		25		9		14		13	
3	25	16	1		22	9	26	16	9	1	3	5
	7				9		14				14	
5	15	17	18	15	5		3	17	2	18	11	1
	9		26						14			
4	14	13	2		8	15	17		3	9	25	22
	18		18		9		9		9		23	
20	5	18	10	21	1		6	9	22	23	13	12

A B C D E F G H I J K L M N O P Q R S T U V W X Y Z

1	2	3	4	5	6	7	8	9	10	11	12	13
14	15	16	17	18	19	20	21	22 T	23	24	25	26

23	9	20	18	19	23	23	4		11	20	20	12
18		18		23		8				16		1
10	6	20	24	8	10	2	17		23	12	8	3
14		13		18		10		5		20		2
10	6	2	23		10	6	3	10	14	6	10	1
6				22		14		12		15		
1	6	2	7	20	25			12	18	10	3	25
19		18		15	10	3	7	17		2		1
10	22	10	3		20		23		25	8	19	19
2		22		8	6	13	19	20		18		1
17	23	8	18	3			15	20	21	20	6	15
		19		8		12		19				26
7	20	1	15	1	13	7	20		14	8	18	8
1		2		19		23		3		9		3
3	4	10	15		23	22	3	2	18	8	13	2
2		23				10		1		19		20
17	1	6	4		9	1	6	14	8	1	18	15

A B C D E F G H I/J K L M N O P Q R S T U V W X Y Z

1	2	3	4	5	6	7	8	9	10	11	12	13
14	15	16	17	18	19	20	21	22	23	24	25	26

3	17	14	24		13	3	22	7	13	2	11	19
17		26		4		1		2		20		13
12	26	25	16	26	22	5		22	3	24	21	5
26		1		10		26		23				22
9	17	18	18	26	5		25	1	17	3	5	7
26				16		11		3		13		14
11	1	16	2	16	1	6	17	24		19	1	1
11		13		26		17				26		15
		3	2	12	18	26	14	13	22	23		
19		22				16		2		2		14
13	16	26		12	1	22	5	3	2	9	13	16
3		9		3		7		14				17
19	13	24	7	26	19		14	3	1	18	17	26
1				13		18		17		16		14
11	5	3	17	19		3	26	11	7	13	21	26
26		1		26		2		7		8		16
5	1	10	26	3	2	9	18		10	26	13	16

A B C D E F G H I J K L̸ M N O P Q R S T U V W X Y Z

1	2	3	4	5	6	7	8	9	10	11	12	13
14	15	16	17	18	19	20	21	22	23	24	25	26
		L										

175

When you have cracked the code and completed the grid, fill in the boxes at the bottom to reveal a timing device.

5	4	17	24	11	13	1	22	■	18	11	21	18
■	22	■	1	■	2	■	17	■	1	■	17	■
24	11	23	26	1	22	■	17	22	11	16	24	1
■	3	■	24	■	8	■	13	■	13	■	1	■
15	8	1	11	4	■	11	24	16	18	1	19	26
■	1	■	8	■	16	■	1	■	1	■	8	■
21	13	2	4	5	17	2	21	■	8 N	11	5	24
■	■	■	5	■	8	■	21	■	■	■	21	■
13	18	22	5	20	13	■	8	1	7	18	1	23
■	11	■	■	■	22	■	1	■	2	■	■	■
11	7	21	1	■	11	25	21	5	8	13	18	1
■	18	■	9	■	22	■	21	■	16	■	1	■
6	11	14	1	24	5	8	■	16	18	5	24	4
■	12	■	16	■	8	■	19	■	25	■	24	■
8	11	13	2	22	1	■	1	22	17	13	5	16
■	22	■	13	■	21	■	8	■	23	■	21	■
11	4	12	1	■	21	10	2	1	24	16	18	26

A B C D E F G H I J K L M N O P Q R S T U V W X Y Z

1	2	3	4	5	6	7	8 N	9	10	11	12	13
14	15	16	17	18	19	20	21	22	23	24	25	26

18	17	2	22	3	24	11	21	21

Difficult

15	9	19	23	5	7	16	12		17	19	6	12
	25		19		10		25		19		19	
19	10	20	7	26	12		6	16	9	19	25	6
	12		25		19		12		14 **L**		23	
23	16	9	17	17		13	16	12	6	4	12	14
	10		9		16				14		16	
2	8	14	14	7	12	16	11		12	20	7	14
		8			5		12		26		25	
25	12	22	9	14	19		8	11	26	6	12	16
	1		25		24		5			12		
26	18	8	3		12	20	19	2	9	19	6	12
	7		8				25		25		16	
8	22	6	16	9	10	12		26	6	12	12	16
	7		14		16		21		3		14	
26	6	9	10	7	8		12	10	7	22	14	12
	8		14		3		12		26		7	
10	16	19	11		25	12	13	8	6	7	26	6

A B C D E F G H I J K L̶ M N O P Q R S T U V W X Y Z

1	2	3	4	5	6	7	8	9	10	11	12	13
14 **L**	15	16	17	18	19	20	21	22	23	24	25	26

16	3	18	1	■	26	3	14	■	15	20	17	10
3	■	■	4	13	15	■	17	13	12	■	■	18
15	22	15	13	■	7	■	6	■	15	19	18	25
13	■	■	20	18	15	25	3	19	14	■	■	4
14	13	3	4	■	■	13	■	■	4	7	15	1
■	■	1	■	5	10 **W**	18	6	14	■	17	■	■
13	17	5	18	1	■	20	■	4	13	18	19	15
3	■	21	■	17	23	4	13	15	■	1	■	12
7	4	18	■	17	■	■	■	19	■	19	15	12
4	■	7	■	23	17	15	19	9	■	7	■	4
13	18	6	7	4	■	7	■	4	23	17	8	11
■	■	3	■	13	15	25	15	13	■	14	■	■
2	18	7	21	■	■	4	■	■	14	9	3	26
4	■	■	17	20	4	13	5	4	4	■	■	13
25	15	25	17	■	25	■	17	■	2	4	2	17
15	■	■	21	4	26	■	6	17	23	■	■	10
7	15	24	11	■	11	4	14	■	14	18	7	7

A B C D E F G H I J K L M N O P Q R S T U V W X Y Z

1	2	3	4	5	6	7	8	9	10 **W**	11	12	13
14	15	16	17	18	19	20	21	22	23	24	25	26

Difficult

17	20	11	26	21	24		1	26	5	4	25	12
	4		20		10		5		11		15	
15	26	20	11		17	26	25		4	24	24	13
	8				20						7	
7	25	24	8		26	7	7		10	18	18	9
			26		25		25		5			
18	17	24	23	17	18		24	14	23	20	7	15
	18						13		13		13	
26	11	20	26 (A)		26	8	18		12	24	5	11
	7		10		19						4	
1	18	11	10	24	26		8	23	5	6	13	12
			24		16		11		7			
24	19	20	25		18	12	18		18	4	17	12
	26						22			20	
26	3	20	7		21	4	5		11	20	25	18
	20		15		24		18		18		26	
20	19	8	18	4	2		23	24	17	18	23	12

A B C D E F G H I J K L M N O P Q R S T U V W X Y Z

1	2	3	4	5	6	7	8	9	10	11	12	13
14	15	16	17	18	19	20	21	22	23	24	25	26 (A)

■	1	20	24	20	■	13	18	24	16	16	5	■
1	■	3	■	26	■	17	■	22	■	24	■	2
13	26	16	6	19	18	4	■	20	3	16	25	4
18	■	15	■	1	■	24	■	4	■	21	■	16
4	4	18	3	4	■	18	24	3	14 **M**	4	16	22
24	■	24	■	14	26	12	■	1	■	4	■	24
14	24	16	3	24	■	24	17	14	24	16	24	13
■	■	13	■	22	■	5	■	■	12	■	■	17
4	5	4	17	4	22	■	15	3	17	24	22	4
7	■	■	4	■	■	9	■	16	■	10	■	■
3	14	2	24	1	1	4	■	22	19	17	17	4
25	■	17	■	8	■	15	5	4	■	19	■	25
4	23	24	13	19	4	4	■	18	24	22	3	26
16	■	22	■	3	■	18	■	17	■	3	■	3
13	20	26	3	18	■	24	14	26	18	26	19	1
5	■	26	■	14	■	22	■	2	■	16	■	14
■	4	16	11	5	14	4	■	4	24	1	5	■

A B C D E F G H I J K L M N O P Q R S T U V W X Y Z

1	2	3	4	5	6	7	8	9	10	11	12	13
14 **M**	15	16	17	18	19	20	21	22	23	24	25	26

4	16	9	3	20	22	1	1	■	24	22	22	20
8	■	22	■	14	■	8	■	■	■	2	■	22
26	8	3	22	6	19	9	12	■	21	8	11	2
5	■	3	■	7	■	16	■	10	■	1	■	8
8	26	22	6	■	22	25	20	22	25	26	8	25
11	14	11	■	■	■	25	■	9	■	■	■	16
■	26	■	25	■	1	16	17	19	■	26	14	18
25	14	7 (P)	16	20	19	■	■	11	■	5	■	9
5	■	3	■	20	16	19	3	■	16	■	19	
22	18	9	22	1	1	■	18	19	15	14	6	7
23	■	14	■	7	19	7	19	■	22	■	■	5
14	■	25	■	16	■	■	10	22	9	8	26	17
22	20	12	■	11	16	1	22	■	16	■	8	■
9	■	■	■	1	■	12	■	■	■	1	22	22
13	16	11	5	16	6	8	22	■	1	19	9	8
16	■	17	■	9	■	20	■	21	■	20	■	18
19	20	20	17	■	24	20	16	14	9	8	1	5
9	■	16	■	■	■	22	■	1	■	10	■	26
3	19	11	12	■	1	26	19	26	14	19	9	17

A B C D E F G H I J K L M N O P Q R S T U V W X Y Z

1	2	3	4	5	6	7 P	8	9	10	11	12	13
14	15	16	17	18	19	20	21	22	23	24	25	26

22		19		13		4	19	15		13		
25	4	3	20	14	4	6		19	11	1	6	4
26		19		22		11		3		6		18
22	21	22	25	4		23	10	6	24	4	25	11
3			4			20		20		4		10
25	3	20	5	3	20		1	16	26	25	4	20
26		6		20		10			10			22
	19	4	26	4	25	17		10	8	14	22	6
11		7		6		17		25		22		3
25	11	8		10	22	6	20	10		23	4	10
22		19		20		4		4		13		19
6	14	16	7	4		13	3	7	3	10	25	
20			10			13		3		1		4
14	4	10	6	20	14		2	10	1	12	10	19
22		17		14		17			11			3
17	3	24	4	6	13	4		5	6	3	13	20
22		4		22		8		3		6		3
9	4	25	22	25		3	25	17	22	22	6	13
	20		26	4	20		4		25		20	

A B C D E F G H I J K L M N O P Q R S T U V W X Y Z

| 1 | 2 | 3 | 4 | 5 | 6 | 7 | 8 | 9 | 10 | 11 | 12 | 13 |
| 14 | 15 | 16 | 17 | 18 | 19 | 20 | 21 | 22 | 23 | 24 | 25 | 26 |

Difficult

182

When you have cracked the code and completed the grid, fill in the boxes at the bottom to reveal a baby-related item.

3	2	10	26	17	■	16	10	20	18	12	22	■
19	■	3	■	10	■	10	■	26	■	18	■	6
22	20	3	■	7	23	20	24	10	2	20	11	12
22	■	9	■	1	■	14	■	6	■	26	■	9
20	7	18	23	6	6	■	3	9	9	8	19	12
22	■	■	■	13	■	26	■	■	■	20	■	■
22	23	23	2	23	24	14	■	12	18	14	6	12
■	■	15	■	12	■	6	■	23	■	■	■	13
26	23	23	12	■	6	12	18	19	3	3	9	18
10	■	19	■	20	■	19	■	2	■	19	■	10
6	19	4	9	1	19	7	1	■	9	21	20	26
19	■	■	19	■	19	■	18	■	9	■	■	■
7	10	26	19	11	■	6	12	9	20	2	12	13
■	■	20	■	■	26	■	19	■	■	■	■	23
3	20	7	19	25	14	■	10	11	5	10	6	12
20	■	20	■	18	■	26	■	15	■	26	■	25
18	9	16	10	19	6	19	12	9	■	17	23	23
1	■	10 _	■	2	■	11	■	11	■	9	■	23
■	18	9	25	2	9	21	■	12	20	18	23	12

A B C D E F G H I J K L M N O P Q R S T U V W X Y Z

1	2	3	4	5	6	7	8	9	10	11	12	13
14	15	16	17	18	19	20	21	22	23	24	25	26

3	10	6	13	7	13	20	19	18

25	16	21	21	3	19	23			22		21	
	8		16		16		5	7	9	5	7	9
6	7	6	6	16	16		21		17		5	
	15				6	18	7	24	14	26	6	23
2	3	26	26		13		25		8		3	
16			13	2	16	16	15		9	3	5	8
6	7	20	3		18		11		16			3
	18		12		8	9	16	6	13	14	14	11
17	16	16	12	23			13		9		20	
	22			24	7	9					15	
	9		14		3			4	7	11	14	11
7	11	14	10	22	7	6	14		19		5	
9			22		17		20		3	16	6	7
6	22	17	7		3	9	6	14	18			26
	26		21		21		14		14	6	5	2
19	7	25	3	21	3	7	18				3	
	17		26		6		3	9	19	7	9	6
26	21	14	14	15	23		16		21		5	
	14		18			11	18	16	22	1	2	6

A B C D E F G H I J K L M N O P Q R S T U V W X Y Z

1	2	3	4	5	6	7	8	9	10	11	12	13
14	15	16	17	18	19	20	21	22	23	24	25	26

		2	4	4	20	24	2	13	26	19	
	3		20		24		16		16		25
10	19	23	2	11	10		26	22	22	14	24	19
	3		26		24			9		6	
4	11	4	2		23	22	1	13	9	24	6	19
	13		8		22		24		1		
7	19	13	22	15		2	13	18	24	22	11	9
			16		25		23		13		15
4	20	2	5	16	22	22	15		23	19	10	8
	24				22		24			16	
2	10	20	19		8	19	20	19	17	16	2	15
	19		18		4		20		2		
9	20	24	4	1	2	5		17	20	22	9	9
			20		8		8		20		26
9	15	22	22	8	12	19	16		24	10	19	18
	2		9				11		7		13
21	11	22	24	8	9		24	8	2	20	24	26
	20		22		14		9		13		26
		24	13	25	24	16	15	24	8	5	

A B C D E F G H I J K L M N O P Q R S T U V W X Y Z

1	2	3	4	5	6	7	8	9	10	11	12	13
14	15	16	17	18	19	20	21	22	23	24	25	26

26	8	22	17	16	19		15	7	5	7	10	14
10		20		25				25		10		17
21	17	16	24	8	4		14	8	8	9	23	8
21		13		20	7	2	16	4		8		13
16	10	4	9		24		9		22	20	10	18
17			23		13	9	14		10			23
7	25	8	20	22	7		10	9	19	7	14	9
	13		7		10		19		12		9	
22	20	10	26		14	8	16		5	8	16	20
	9					18					19	
6	10	13	12		12	7	12		25	8	13	17
	16		13		13		10		7		4	
21	17	13	18	23	9		1	7	22	13	16	3
17			18		21	8	1		11			7
16	20	9	5		16		17		16	9	7	19
3		8		14	17	8	8	11		10		21
3	16	4	3	8	17		20	8	3	9	7	20
13		14		8				8		7		8
22	20	8	16	20	5		14	12	7	20	9	5

A B C D E F G H I J K L M N O P Q R S T U V W X Y Z

1	2	3	4	5	6	7	8	9	10	11	12	13
14	15	16	17	18	19	20	21	22	23	24	25	26

4	3	22	21		26	25	10	25		20	18	25
8		7		12		3		22		22		18
10	7	3	1	16	17	6		21	26	8	22	18
17		6		17		25		17		2		26
6	3	15	15	17	6		12	6	8	2	16	17
20				5		2				17		9
8	22	18	26	11		16	7	20	25	15	15	25
2		17				3		25				1
11	25	6	4	25	6	22		2	16	8	15	13
		8		18		21		8		15		
8	4	26	17	6		2	3	15	17	23	3	26
20				7		25				17		3
7	1	17	25	15	8	1		21	7	6	25	14
20		24				13		26				3
1	25	3	20	25	26		21	3	6	19	17	6
17		25		21		20		6		6		8
26	7	21	21	11		2	7	6	15	25	4	7
17		26		20		3		11		20		3
20	3	17		20	8	15	19		7	18	3	20

A B C D E F G H I J K L M N O P Q R S T U V W X Y Z

1	2	3	4	5	6	7	8	9	10	11	12	13
14	15	16	17	18	19	20	21	22	23	24	25	26

13	9	19	15	4	21		8	19	1	19	24	14
	20		21		18		19		19		12	
17	12	19	3		16	12	5		23	21	15	10
	1				26						7	
16	3	22	14		9	18	18		9	8	9	6
			21		6		9		20			
22	16	16	12	5	9		7	9	23	25	14	15
	26						9		9		12	
23	22	6	11		22	1	1		1	21	26	25
	15		25		26						26	
12	23	15	21	22	15		23	21	16	3	22	1
			12		19		15		22			
9	8	19	1		4	12	9		4	21	26	10
	22						23				21	
24	1	12	9		8	19	22		21	6	14	20
	19		5		9		15		12		23	
22	4	2	12	16	3		9	22	15	24	12	1

A B C D E F G H I J K L M N O P Q R S T U V W X Y Z

1	2	3	4	5	6	7	8	9	10	11	12	13
14	15	16	17	18	19	20	21	22	23	24	25	26

7	6	26	17	11	■	8	3	15	20	19	6	15
14	■	17	■	9	■	20	■	2	■	17	■	17
10	9	8	19	2	1	3	■	15	6	18	14	11
6	■	19	■	13	■	■	■	2	■	17	■	2
18	17	17	11	■	7	11	14	7	12	20	6	19
17	■	11	■	8	■	6	■	11	■	4	■	■
■	14	13	7	17	8	19	11	3	■	6	2	18
26	■	■	■	14	■	6	■	■	■	13	■	2
17	18	1	2	13	■	11	17	19	4	2	13	12
16	■	6	■	7	■	■	■	4	■	8	■	17
7	14	11	25	17	11	3	■	17	22	19	6	18
14	■	17	■	■	■	6	■	2	■	■	■	3
15	14	7	■	14	21	9	14	11	2	8	19	■
■	■	18	■	25	■	13	■	8	■	17	■	8
19	4	6	11	6	9	24	4	■	24	18	9	19
14	■	8	■	7	■	■	■	6	■	19	■	14
8	14	9	13	14	■	4	6	11	2	23	6	13
19	■	11	■	5	■	9	■	■	14	■	17	■	23
17	3	17	8	6	11	17	■	18	14	11	25	14

A B C D E F G H I J K L M N O P Q R S T U V W X Y Z

1	2	3	4	5	6	7	8	9	10	11	12	13
14	15	16	17	18	19	20	21	22	23	24	25	26

189

When you have cracked the code and completed the grid, fill in the boxes at the bottom to reveal a comedy-related word.

14	19	22	14	7	19	1	23	■	15	22	18	8
22	■	11	■	9	■	19	■	■	25	■	7	
15	9	1	7	19	15	9	23	■	4	7	19	3
15	■	25	■	18	■	14	■	10	■	9	■	7
22	17	19	7	■	19	7	1	9	21	24	7	19
15	19	23	■	■	■	6	■	21	■	■	■	21
■	9	■	18	■	15	7	9	18	■	17	9	26
9	10	13	11	26	5	■	■	13	■	11	■	5
19	■	■	4	■	7	25	5	22	■	19	■	24
21	17	24	22	19	7	■	7	16	25	11	26	7
1	■	22	■	11	18	24	9	■	9	■	■	26
5	■	22	■	14	■	■	19	11	10	14	11	26
10	9	24	■	1	15	21	1	■	14	■	24	■
7	■	■	■	11	■	24	■	■	2	21	13	
1	5	7	22	19	21	26	1	■	19	22	1	9
21	■	3	■	7	■	11	■	12	■	3	■	19
25	22	22	18	■	8	18	9	11	1	21	26	1
9	■	20	■	■	■	9	■	21	■	9	■	7
18	7	7	20	■	17	19	21	6	6	18	7	19

A B C D E F G H I J K L M N O P Q R S T U V W X Y Z

1	2	3	4	5	6	7	8	9	10	11	12	13
14	15	16	17	18	19	20	21	22	23	24	25	26

14	11	24	25	5	18	21	24	7

18		14		25		15	23	23		21		
16	14	16	24	21	1	25		10	1	12	14	16
15		21		1		10		19		22		20
12	14	17	22	3		14	22	14	22	18	20	21
10			21			26		22		10		1
18	19	19	18	12	3		2	18	10	17	25	15
22		17		17		7			12			6
	16	18	22	14	20	21		17	21	12	14	17
14		26		1		25		21		18		18
19	10	19		12	15	22	10	12		22	15	24
10		22		2		15		21		3		2
8	14	21	17	3		12	2	10	24	24	3	
14			15			4		11		16		19
10	1	23	21	16	20		25	21	20	15	14	17
20		17		26		16			15			15
15	13	10	25	18	1	20		16	7	18	10	1
14		18		17		17		7		9		5
16	12	17	14	26		18	1	10	26	18	20	21
	3		3	21	7		26		17		25	

A B C D E F G H I J K L M N O P Q R S T U V W X Y Z

1	2	3	4	5	6	7	8	9	10	11	12	13
14	15	16	17	18	19	20	21	22	23	24	25	26

23	26	7	23	18		23	6	11	21	13	16	
26		19		11		3		2		3		6
7	25	24		15	7	20	22	5	3	21	18	16
15		1		22		16		11		5		7
11	2	25	22	2	5		23	3	4	11	22	2
24				1		3				21		
7	5	9	1	11	21	2		17	3	3	6	14
		11		23		3		3				11
23	26	21	16		19	21	7	13	22	15	7	23
11		1		26		19		16		21		12
26	3	21	9	11	21	3	21		14	1	24	16
3				2		15		6		24		
21	11	5	5	16		22	2	14	7	24	3	21
		3				6		7				1
26	22	2	22	1	2		26	22	3	21	6	3
11		22		20		19		2		1		17
8	11	10	10	22	2	3	23	23		19	2	11
8		3		5		2		7		11		6
	7	2	2	3	20	3		25	21	3	6	12

A B C D E F G H I J K L M N O P Q R S T U V W X Y Z

1	2	3	4	5	6	7	8	9	10	11	12	13
14	15	16	17	18	19	20	21	22	23	24	25	26

16	2	2	26	22	25	4			12		6	
	16		21		10		16	12	4	19	4	23
24	23	16	12	22	7		20		23		23	
	5			14	4	4	12	26	21	14	4	
7	16	18	21		13		23		16		22	
16			11	3	4	4	12		19	22	19	4
24	23	22	16		4		16		22			4
	21		20		25	16	13	19	2	21	3	3
20	22	9	4	19			4		17		21	
	25			21	22	23				25		
	4		26		7			21	26	24	22	23
7	23	22	24	22	8	10	4		12		19	
16			23		10		19		16	23	5	17
26	21	23	22		22	19	7	10	23			21
	19		25		24		22		24	23	22	18
26	22	25	4	26	24	4	12				18	
	18		19		21		1	16	13	25	21	1
23	21	26	7	21	3		4		16		5	
	3		17			2	23	4	4	15	4	23

A B C D E F G H I J K L M N O P Q R S T U V W X Y Z

1	2	3	4	5	6	7	8	9	10	11	12	13
14	15	16	17	18	19	20	21	22	23	24	25	26

		8	13	21	15	20	10	1	10	13	
	22		3		1		18		18		19
9	19	10	25	19	10		13	3	13	26	25	10
	9		21		21				8		9	
1	8	13	1		6	21	2	2	1	21	15	24
	19		10		13		21		25			
1	26	12	21	10		13	10	18	21	5	1	2
			9		25		10		20		10	
20	5	13	15	1	8	21	9		10	19	10	19
	8				9		8				21	
5	1	2	2		4	2	1	25	14	1	5	7
	11		1		9		2		9			
10	13	15	19	9	19	20		1	12	19	11	11
			17		15		20		20		9	
18	13	8	1	2	17	21	5		16	21	26	25
	20		10				1		9		12	
20	25	8	9	19	10		26	9	8	12	21	17
	24		8		19		25		10		13	
		13	24	13	12	8	21	23	18	10		

A B C D E F G H I J K L M N O P Q R S T U V W X Y Z

1	2	3	4	5	6	7	8	9	10	11	12	13
14	15	16	17	18	19	20	21	22	23	24	25	26

Difficult

194

26	7	4	26	22	3	■	5	6	5	13	7	23
7	■	6	■	3	■	■	■	9	■	6	■	3
22	6	5	7	20	6	■	16	10	26	26	22	3
8	■	9	■	23	15	7	10	25	■	11	■	25
10	5	11	20	■	7	■	22	■	5	11	4	26
20	■	■	6	■	3	22	22	■	17	■	■	3
8	14	3	13	13	11	■	2	11	5	7	20	25
■	17	■	13	■	7	■	11	■	22	■	11	■
3	25	25	17	■	23	13	17	■	3	20	1	17
■	9	■	■	■	■	3	■	■	■	■	3	■
25	6	13	6	■	5	6	25	■	11	10	22	17
■	13	■	22	■	7	■	10	■	5	■	22	■
5	3	9	3	6	22	■	11	7	13	22	6	12
14	■	■	9	■	1	3	24	■	3	■	■	9
11	7	23	13	■	3	■	10	■	13	9	3	3
19	■	5	■	13	9	6	25	3	■	3	■	6
19	9	11	18	10	13	■	3	22	10	5	10	13
3	■	7	■	5	■	■	■	6	■	13	■	14
9	3	13	6	16	3	■	23	20	11	11	21	3

A B C D E F G H I J K L M N O P Q R S T U V W X Y Z

1	2	3	4	5	6	7	8	9	10	11	12	13
14	15	16	17	18	19	20	21	22	23	24	25	26

19	18	18	8	■	13	8	9	11	■	14	24	19
6	■	6	■	18	■	4	■	4	■	18	■	18
20	15	22	4	21	18	17	■	3	4	8	4	3
18	■	15	■	7	■	3	■	4	■	12	■	18
5	6	19	5	18	12	■	6	5	19	18	15	5
4	■	■	■	8	■	6	■	■	7	■	21
3	10	6	8	14	■	21	5	6	26	6	12	18
3	■	7	■	■	■	6	■	3	■	■	■	6
4	11	9	3	23	4	3	■	7	9	19	9	3
■	■	4	■	6	■	4	■	6	■	6	■	■
12	9	8	4	5	■	19	9	13	3	24	11	4
18	■	■	■	4	■	4	■	■	■	18	■	7
10	18	5	22	19	6	8	■	16	15	5	9	18
8	■	4	■	■	■	3	■	5	■	■	■	1
13	6	13	23	6	24	■	7	6	8	12	6	15
23	■	3	■	21	■	13	■	12	■	18	■	4
9	19	6	14	18	■	11	18	7	24	14	18	8
25	■	5	■	12	■	15	■	4	■	19	■	16
3	6	3	■	4	15	5	18	■	25	6	2	4

A B C D E F G H I J K L M N O P Q R S T U V W X Y Z

1	2	3	4	5	6	7	8	9	10	11	12	13
14	15	16	17	18	19	20	21	22	23	24	25	26

196

When you have cracked the code and completed the grid, fill in the boxes at the bottom to reveal a sporting event.

20	5	17	15	5	23	12	12	■	25	1	4	23
26	■	4	■	25	■	10	■	■	23	■	11	
5	17	10	7	17	19	5	23	■	23	11	26	3
5	■	13	■	1	■	16	■	25	■	10	■	6
26	19	23	11	■	4	8	17	6	26	12	13	17
16	26	1	■	■	■	10	■	26	■	■	■	24
■	6	■	5	■	4	6	17	18	■	19	25	17
9	25	9	25	19	17	■	■	17	■	5	■	18
10	■	■	20	■	3	6	17	13	■	25	■	17
6	10	12	3	26	4	■	21	26	6	4	25	1
26	■	8	■	3	8	25	10	■	17	■	■	4
12	■	25	■	17	■	■	6	17	21	21	5	23
7	23	15	■	5	25	12	23	■	23	■	10	■
26	■	■	■	26	■	22	■	■	26	3	12	
4	6	25	3	4	8	23	3	■	22	1	23	23
3	■	24	■	12	■	3	■	14	■	7	■	3
26	3	23	13	■	17	4	14	10	17	26	1	3
25	■	6	■	■	8	■	26	■	18	■	23	
1	23	3	3	■	12	2	1	7	6	25	13	23

A B C D E F G H I J K L M N O P Q R S T U V W X Y Z

1	2	3	4	5	6	7	8	9	10	11	12	13
14	15	16	17	18	19	20	21	22	23	24	25	26

7	23	4	17	3	8	5	25	1

The Times Codeword

10		13		16		13	20	8		12		
2	13	8	10	2	16	11		20	8	7	26	12
22		26		4		2		16		16		2
14	2	25	15	5		7	3	7	11	7	2	16
20			20			25		11		5		5
26	3	21	20	7	16		22	5	14	26	24	24
22		22		3		26			26			7
	14	7	13	10	20	8		2	13	8	7	21
17		3		7		22		16		16		5
20	7	1		14	22	7	3	15		19	5	3
19		16		7		15		5		6		11
24	16	5	5	11		10	20	14	3	20	14	
26			22			11		22		20		24
16	26	3	2	21	19		23	2	3	25	2	16
3		2		20		10			20			5
5	18	8	5	3	13	5		13	6	20	22	25
13		2		23		7		1		25		15
13	2	16	23	20		13	9	26	7	25	15	5
		12		19	5	11		2		13		25

A B C D E F G H I J K L M N O P Q R S T U V W X Y Z

1	2	3	4	5	6	7	8	9	10	11	12	13
14	15	16	17	18	19	20	21	22	23	24	25	26

21	9	5	19	16		6	9	12	24	14	19	
3		24		9		9		2		15		16
11	19	19		26	25	12	11	21	23	12	11	21
21		16		14		5		25		24		3
3	2	16	14	3	25		5	15	12	4	15	2
2				14		26				9		
17	9	1	1	25	15	24		22	19	25	21	12
		19		15		12		3				3
13	3	2	14		7	3	24	14	9	19	9	16
9		12		8		2		10		9		25
20	19	25	15	13	3	25	25		19	17	25	15
9				15		15		3		13		
16	13	15	15	2		16	12	2	11	14	9	20
		18				16		4				19
5	15	14	12	11	13		11	24	12	10	19	2
9		3		19		11		12		15		16
4	9	2	3	11	9	25	12	24		12	24	14
4		11		19		19		15		24		15
	16	14	24	12	2	5		5	19	2	19	24

A B C D E F G H I J K L M N O P Q R S T U V W X Y Z

| 1 | 2 | 3 | 4 | 5 | 6 | 7 | 8 | 9 | 10 | 11 | 12 | 13 |
| 14 | 15 | 16 | 17 | 18 | 19 | 20 | 21 | 22 | 23 | 24 | 25 | 26 |

8	20	10	18	4	9	23			19		9	
	14		24		18		9	23	23	11	23	1
2	16	18	23	8	16		23		1		13	
	2			1	4	10	18	6	21	23	1	
11	8	11	8		15		23		11		14	
4			2	18	8	17	1		5	8	10	23
10	8	19	4		18		10		6			18
	2		9		9	18	4	2	2	7	23	18
6	7	9	23	1			6		23		24	
	8				6	17	1				23	
	12		17		26			20	10	16	25	25
18	23	20	6	7	16	10	23		18		16	
4			3		7		22		16	21	7	24
21	8	7	8		8	9	16	7	10			8
	26		1		10		8		5	6	6	15
2	8	14	15	25	4	7	7				9	
	10		4		6		4	1	25	7	6	17
10	8	1	1	4	1		20		6		16	
	18		9			18	23	26	23	7	18	24

A B C D E F G H I J K L M N O P Q R S T U V W X Y Z

1	2	3	4	5	6	7	8	9	10	11	12	13
14	15	16	17	18	19	20	21	22	23	24	25	26

A B C D E F G H I J K L M N O P Q R S T U V W X Y Z

1	2	3	4	5	6	7	8	9	10	11	12	13
14	15	16	17	18	19	20	21	22	23	24	25	26

Solutions

1

2

3

4

5

D	C	H	A	U	A	J

ATONE BONANZA

W S R J I T R

DISABLE VYING

L E C E O

EXTRACTOR URN

E C S N

ODD QUIVERING

R U N F E

PIZZA BASSOON

H E I R O R T

ABSENCE CAMEL

N T T D K S Y

6

OPTIMAL JAYS

S A N S P M I

WIGWAMS ROAST

I A D A O Z S

VENUE INSTIL

E Q L P N P

LITMUS LEDGER

S I A D R E

SCYTHE ONSET

A K E E U O E

FRILL POSTBOX

A N Y E L E T

RUGS PRAYERS

7

FORDS ACUTE

A W I O I H

BANISH SMITHY

A I H D P B M

CONSOLIDATION

K G N S N T S

COHABIT

V O U R O L A

EXPERIMENTING

R P A S A Q R

SNOBBY OBTUSE

E S L L O E

JEWEL ZEBRA

8

Q A S O U J

JUMBLE ZIGZAG

I L PRO L N

BRAY I N YOGA

K EASEL L

HYENA A INDEX

M RELIC O

VAULT V KITTY

W HOOTS O

CARS F O FOXY

R O FOR L I

EDIBLE CHURNS

S S R H X S

9

10

11

12

13

```
. R E S E M B L A N C E .
O R . M . E . C . O . F
G R A V I T A T I O N A L
L . . R . C . D . Q . U
E M B L A Z O N . J U N K
S . E . T . N . L . E . E
. S E V E N . T O A S T .
F . K . S . C . O . T . T
I C E S . P R O P O S E R
X . E . I . U . H . . . A
E X P E D I T I O N A R Y
D . E . L . C . L . G . S
. F R E E W H E E L E D .
```

14

JOSS STICK

```
R I G H T . L I M E A D E
E . R . H . A . X . S . S
G L O R I F Y . S E E P S
G . T . N . . S . . . A
A V E N G E D . E N J O Y
E . S . R . U . O . S .
. E Q U I L I B R I U M .
S . U . N . L . R . R .
T W E A K . L O Z E N G E
R . L . O . E . D .
A L I B I . A N N O Y E D
I . N . N . C . E . E . E
T O N I G H T . S E D A N
```

15

```
. S Q U I N T S . J O E Y
O . U . N . A . P . F . A
F E A R F U L . R E F E R
F . R . R . K . O . H . D
L I T H E . E N D E A R .
O . . Q . D . U . N . S
A V E N U E . A C I D I C
D . X . E . P . T . . . A
. S P I N A L . I N S E T
A . L . T . A . V . H . T
G R O W L . S E I Z U R E
O . R . Y . M . T . T . R
G O E S . B A B Y I S H .
```

16

```
M U S E U M . Z O D I A C
A . Q . N . . R . C . R
C R U E L . E D I F I C E
A . E . I . X . G . N . W
W R E A T H E . A L G A E
S . Z . . M . . M . . D
. E Q U I P P I N G .
B . . N . L . . A . P
O F T E N . A D J U S T S
W . U . E . R . O . K . A
L I T U R G Y . K N E E L
E . U . V . . E . T . M
R U S T E D . C R U S T S
```

17

18

19

20

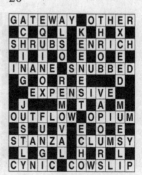

21

TRACKSUIT

22

23

24

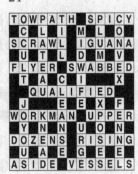

25

26

27

28

IRRAWADDY

29

```
H U   A   C   J   A
A B B O T   R O U T S
Z   I   T   O   R   S
A C Q U I T S   Y O U
R   U   C   S       M
D A I S   A W H I L E
S   T   A   O   N   D
  C O N S E R V E S
T   U   T   D   X   P
H I S S E S   S P U R
R   R   S   E       U
I R E   I G N O R E D
F   R   S   A   T   I
T H A N K   R O L L S
Y   S   S   E   Y   H
```

30

```
  R   P   O   K   C
Y E A R   B A N J O
  F   O   S   I   W
C U D D L E   G R A M
  T   U   R   H   R
E X C A V A T E D
  E   E       L
Q U I R K   S W A Y S
S   U   H
U N Z I P P I N G
R   E   L   S   L
O P E N   A N K L E S
I   I   N   I   A
N O T E D   E L M S
G   H   S   S   S
```

31

```
W A T C H M A N   B
I   R   A   U   O
N A I V E   R U S T Y
G   V   D   D   E   H
S K I S   O V E R D O
    A   E   A       O
R E L A X   R A T E D
E   P   K   U
J U N I O R   U N D O
E   O   R   Q   E   A
C O U N T   U N F I T
T   N   E   I   U   H
S   D R I Z Z L E S
```

32

```
  K   C   A   E   J
Z I T H E R   M E A L
  W   O   T   B   C
B I R O   F L E C K S
      S   U   D   D
R E V E A L   S W A G
  L               W
S O W S   B O Y I S H
  Q   P   O   A
B U Y O U T   C U L T
  E   T   T   H   A
G N A T   O X T A I L
  T   Y   M   S   R
```

33

```
H O C K   C H I L L  
O   O   S O   O   O A
P A N   P E L I C A N
S   Q   O   D   A   Y
  J U N K   A L L O W
    E   E L   L     H
C U R E   S O L U B L E
O   E     A   L     R
M I D R I F F   I C E
M       N     O Z    
U R G E D   L A Z Y  
N   E   E   K   A   V
A N N E X E S   R Y E
L   R   E   Y   D   T
  M E N D S   A S K S
```

34

```
C A D E T   D U P E S
O   I   O   E   H   U
M O S Q U E S   O R B
B   A   C   E   T   J
S A P   H O R M O N E
    P   Y   V       C
H U E S   V E L V E T
A   A     I   I     E
P A R A D E   F O N D
H   U   R   L      
A R T I S T E   I M P
Z   O   T   W   N   A
A S K   E X I T I N G
R   E   R   R   S   E
D I N E S   E N T E R
```

35

NEWMARKET

```
P R I Z E   E B B E D
L   G   X   U   A   A
A L L O T   A S T E R
Y   O     C   T   K  
W O O D C U T T E R  
R     O   R     U    
  I N C E N S E   F A N
G   H   G   R   L   D
H E R   A N A L Y S E
T   O   S       S   R
  I N N K E E P E R S
J   I   E       Q   P
U N C L E   R O U G E
T   L   L   E   A   N
S E E M S   V A L I D
```

36

```
S   C   J   S   A   S
W H O L E   O R B I T
I   N   S   R   L   A
V I S I T O R   E E L
E   U   S   O       E
L A M P   S W E D E S
S   M   V   F   E   T
  V A R I O U S L Y  
H   T   N   L   I   S
E Y E L E T   I N C H
X   Y   S   Q   U    
A L L   A S T O U N D
G   A   R   O   E   D
O O Z E D   R I N S E
N   E   S   K   T   R
```

37

```
.F.I..O.S.S
QUAD.UNCUT.
.M.E..T.A.R
CIGARS.MEET
.N.L..I.P.N
GRIZZLING..
...S.E....T
BALMY.ITCHY
.P...S.E...
.PERPLEXED.
.R.U..O.T.O
JOIN.PEBBLY
.V.W..I.O.L
.AGAIN.ORAL
.L.Y..G.K.R
```

38

```
HEATWAVE..A
Y.D..I.P.L
MAJOR.THICK
N.O.Y.A.E.A
SCUM.AMORAL
..R.O..I..I
LINER.NESTS
U...T.S.Q
LAUGHS.TURF
L.P.O.Z.A.U
AVOID.EUROS
B.N..O.A.E.E
Y..EXCLUDES
```

39

```
.C.P.A.H.Q
VELOUR.OPUS
.L.U..R.L.I
CLEF.ABLAZE
..F..Y.O.Z
SWEETS.WAIF
.A.......N
AXED.EMERGE
.W.O.J.N
MODULE.DULL
.R.B..C.O.O
SKIT.THWACK
.S.S..S.S.K
```

40

```
HUFF.OCHRE.
U.O.S.U.A.W
SIR.CALYPSO
K.T.R.T.I.R
.ANTI.UNDID
.I.M..R...P
NAG.PREQUEL
E.H.U..N.A
CITIZEN.SOY
K.I.U.A
BLEEP.DOVE.
A.X.P..I.O.J
NAPKINS.USE
D.E.N..R.T
.ELEGY.EYES
```

The Times Codeword

41

```
KOALAS STABLE
N R B G R O X
IRK BALSA ASH
T E I C A
 OBEYED TWILL
A O E D E
BLOOD RIPPLE
U R S R E
TEAPOT FONDLY
L P S N E
 JIGSAW GUAVA
S B O T R
PRISM LADLED
E A L I Q
COS INERT YOU A
K K Z N C E A
SPICES THINLY
```

42

```
POUNDING SCAM
R P I E O I
OBSTRUCT OMEN
V E K T Q M T
OATH FABULOUS
C J R I N
AFFRAY TYPES
T L WARTS L U
IRON R O GARB
V O ADDED C S
EARNS SELECT
B K B N A
GLOVEBOX CLAN
A A D T T A D
ZERO CHARISMA
E D E E S R
SASH FREEHOLD
```

43

```
VICE CONQUERS
I A M N U V W
BURSARY OPERA
R G G X T L
AROUND DISMAL
T O M N A O
EXTOLLING COW
D I I D H S
 MEANWHILE
B I E M T I
END STEEPNESS
S L T K R O
MAYHEM JOVIAL
I P O P C A
RAFTS PREDICT
C E O T R L E
HAZINESS EYED
```

44

```
SEAFARER SINS
M R U E Q I
DISOWN GRUDGE
R L T R E H
RATIO PELLETS
T C M S C F
WEEKDAYS HOAX
E R I L
WELDER VIABLE
M I E B
OBOE ALLUDING
L N G Y I E
CADDIES SCOWL
Z O A J A B
COBWEB OPTION
N E L K E R
USED EVENSONG
```

45

```
A S S E S S O R   C O W L
  O   P   U   A   O   I
L A Z I E R   B E M U S E
  P   S   F   B   M   T
A B H O R   L I Q U E F Y
  O   D   U   N   U
E X C E E D E D   I D L Y
    A   D   E   O   L
C A N I N E   A N N O Y S
  B   N   R   C   W
J O Y S   S L O V E N L Y
  U   T   N   G   I
I N N I N G S   C O R G I
  D   L   I   T   H
P I L L A R   D R I F T S
  N   E   T   O   S   E
A G E D   H A L L M A R K
```

46

```
C U R B   S U M   S W A G
H   R A T   E L M     I
A L T O   U   M   O P A L
L     W E D L O C K   T
K I S S   O     E G G S
  H   P R O O F   R
Q U A I L   S   I R O N S
U   C   A H E A D   V   E
E L K   Q   G   E Y E
U   L   U N T I E   L   K
E L I T E   A   T I L T S
  N   S I X T Y   E
Y O G A   E   W R A P
O   F R I S B E E   U
U N D O   D   U   A J A R
N   O W L   F A R   E
G N A T   E L F   S I Z E
```

47

```
F E L L O W   I N D U C T
  R   O   I   M   U   R
C R I B   Z I P   D R U G
  E   E   E       M
E D I T   N I B   S O B S
    E   E   A   N
I S L A N D   N U A N C E
  H     D   G   L
C O R M   P R Y   S M U G
  C   O   O       M
S K A T E S   E X C E P T
    O   E   X   U
A V E R   D O T   B U Z Z
  A   A   O   O   O
J U M P   O A R   G O O D
  L   E   A   T   N   M
A T T A C K   S Q U A S H
```

48

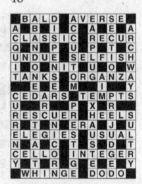

```
  B A L D   A V E R S E
A   B   I   C   A   E   A
C L A S S I C   R E C U R
Q   N   P   U   P   T   C
U N D U E   S E L F I S H
I   O   N I T   U   O   W
T A N K S   O R G A N Z A
  E   E   M   I   I   Y
C E D A R S   T E M P T S
U   R   P   X   R
R E S C U E R   H E E L S
R   T   N   E R A   J   U
E L E G I E S   U S U A L
N   A   C   T   S   D   T
C E L L O   I N T E G E R
Y   T   R   G   E   E   Y
  W H I N G E   D O D O
```

49

```
S . S I . G . E . B . F
W I T H D R A W S . A L L
A . Y . E . F . Q . L . E
P R E E N . F L U M M O X
S . . T . E . I . . . E
. U N L I T . C R E W E D
J . U . C . F . E . H .
A R G U A B L E . W I T S
W . G . L . U . K . N . A
S P E D . D I V I N I T Y
. T . R . D . T . N . S .
U N S E E N . S T A G S .
N . R . C . I . . S . S
Z O O L O G Y . W H O O P
I . D . U . N . A . P . A
P O D . T H I C K N E S S
S . S . E . C . E . N . M
```

KING PRAWN

50

```
A . A Z . B . T . N . K
D I S S E M I N A T I O N
D . T . A . S . X . C . E
E N R O L . C R I N K L E
R . O . U . S . E .
S Y N O P S I S . C L E F
. A . U . T . H . . U
J A U N T . S T U M P E D
E . T . R . M . O . G
W I S H I N G . A P P L E
E . . D . A . N . U .
L O S S . U N D E R L A Y
. Q . F . T . . A . E
S Q U A L O R . O U T D O
O . I . O . I . N . I . M
C O N V A L E S C E N C E
K . T . T . S . E . G . N
```

51

```
T R A N S F I X . M E N U
H . L . U . N . . X . R
U N B U C K L E . S T A G
N . U . H . A . G . E . E
D I M E . F I L L I N G S
E . . B . D . O . U .
R O C K E D . R O A C H
B . A . D I Z Z Y . T . A
O U R S . V . I . F I Z Z
L . T . B A R N S . N . A
T A W N Y . C O U G A R
. H . W . T . B . . D
S C E N A R I O . H A L O
Q . E . Y . N . S . D . U
U G L Y . K I L L J O Y S
A . E . . E . I . P . L
T I D Y . P R O M P T L Y
```

52

```
O U T F I T . W H O O S H
. R . R . A . A . P . Q
A N T I . P U G . T O U R
. Z . . . I . . . A
B U Z Z E R . M A C A W S
M . . U . I . . . K
O B L I V I O N . V I S A
. E . M . N . X . E .
P R O P S . . E X C E L
. E . S . T . E . J
P E E L . T R U N D L E S
X . . A . B . . . C
A P A T H Y . A B B O T S
L . U . . . R .
L O U T . A S H . I R K S
I . O . N . E . N . I
S T A R R Y . M I G H T Y
```

53

```
C A N O P I E D     R O O F
H   I   O   N     V   L
R E G R O W T H   S E M I
O   H   L   R   S   R   C
N E T T   F A L L B A C K
I     Y   P   A   N
C R A T E S     B U X O M
L   R   S N I P S   I   A
I N C H   O   O   G O A L
N   H   S W E E P   U   A
G A B L E     T E A S E D
    I   T   T   P     J
V I S I T O R S     T O F U
A   H   S   O   Z   C   S
U P O N   Q U I E T E S T
N   P   G   S   A   E
T U S K   W H I T E N E D
```

54

```
E N D S   S P L A T T E R
X   O   M   A   I   A   E
T Y P H O O N   M O N K S
E   E   U   T   L   E
R A D I S H   J E S T E R
N   S   S   S   H   V
A C Q U A I N T S   E W E
L   U   K   E   A   S
    A B A T E M E N T
S   V   Z   X   R   E
H O E   T E E N A G E R S
E   R   O   D   C   T
E A S I E R   S T O D G E
P   N   S   I   R   E
D O G M A   C O N F O R M
O   I   I   A   G   L   E
G I G G L I N G   C L O D
```

55

```
O B S C U R E S     S A S H
O   R   U   E   Q   P
J U R I E S   L O U D E R
D   C   H   F   I   C
C O C K Y   C L A R I T Y
I   E   E   E   M   A
P R E T E X T S   S U C K
E   T   S   L
S C O R E R   N E A T E R
H   A   E   B
T E X T   V I S U A L L Y
Q   H   A   S   S   U
M U S I N G S   G E R M S
E   C   A   A   M   B
B R O K E N   L E E W A Y
E   L   Z   S   N   G
E D D Y   A D O P T I O N
```

56

```
S U R V I V E S   D I P S
N   O   A   U   I   R
S K U L K S   C O F F I N
N   C   T   K   F   V
V O C A L   A S P I R I N
W   N   S   C   L
S N O O Z I N G   U S E D
R   E   R   L   G
A B B E Y S   O U T S E T
U   X   T   W   K
B R A T   A S T E R I S K
L   R   H   O   U
R E V E N U E   J U M P S
S   M   N   T   T   P
S Q U E A L   R H I N O S
U   L   E   I   N   R
R E L Y   T H O U G H T S
```

DIXIELAND

57

```
S T U B   R E V   F I G S
Q   L I E   E G O   H
U N D O   A   T   R O T A   A
I   W A R L O C K     N
D A I S   O     S A N K
    N   E M B E D   B
A F F I X   E   E A S E D
D   I   A R S O N   T   R
M A R   M   I   A D O
I   M   P A R K A   I   W
T R I L L   E   L I N E N
    T   E D G E S   E
J O Y S   A     F R O G
O   T A B L E A U   R
L O G O   U   C   S A G A
L   C U T   H U E     Z
Y O L K   T W O   D U N E
```

58

59

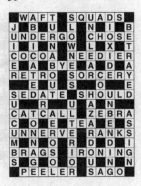

60

61

62

63

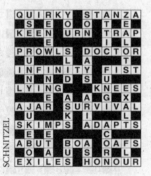

64

65

```
T E A K   C O M P A R E S
Y   P   S   N   U   U   U
P E R J U R Y   Z O N E S
I   O   B   X   Z     P
F U N G U S   E L A P S E
I     R   S   E   L   C
E X H I B I T O R   A P T
D   O   I   R     C   S
  A V A L A N C H E
S   R   T   A   B   A
W E D   S Q U A D R O N S
E   E   T   M   D   S
E N D E A R   D Y N A M O
T   U   S   I   N   R
E L F I N   T O N I G H T
S   U   C   U   G   R   E
T O R C H I N G   E Y E D
```

66

67

68

69

```
E J E C T S ■ V I L I F Y
■ O ■ O ■ T ■ E ■ E ■ I ■
S K E W ■ A F T ■ G A Z E
■ E ■ ■ N ■ ■ ■ Z ■ ■ ■ ■
O D D S ■ Z I P ■ S A Y S
■ A ■ ■ U ■ I ■ ■ ■ ■ ■ ■
A S I D E S ■ F I X I N G
■ W ■ ■ ■ F ■ T ■ A ■ ■ ■
F I L M ■ J O Y ■ H I V E
■ R ■ A ■ ■ E ■ ■ A ■ ■ ■
S L U I C E ■ P E B B L E
■ ■ L ■ R ■ A ■ O ■ ■ ■ ■
A C T S ■ S I R ■ B A S E
■ U ■ ■ ■ R ■ ■ ■ Q ■ ■ ■
U R N S ■ R U G ■ H O U R
■ V ■ K ■ I ■ O ■ O ■ A ■
T Y P I N G ■ N O B O D Y
```

70

```
■ W O R M ■ P O T A S H ■
G ■ U ■ O ■ R ■ Y ■ P ■ F
O U T D O N E ■ P I A N O
S ■ B ■ N ■ S ■ I ■ T ■ R
S Q U I B ■ E X C L U D E
I ■ R ■ E R R ■ A ■ L ■ H
P A S T A ■ V I L L A G E
■ T ■ M ■ E ■ O ■ A ■ ■ ■
A S S E S S ■ R I B A L D
D ■ M ■ F ■ N ■ L ■ ■ ■ ■
J A C U Z Z I ■ S K U L L
U ■ U ■ E ■ D O T ■ M ■ O
N A R R A T E ■ I C I N G
C ■ A ■ L ■ L ■ N ■ N ■ G
T A B O O ■ I N C L I N E
S ■ L ■ U ■ T ■ T ■ U D ■
■ F E I S T Y ■ S O M E ■
```

(vertical label at left of grid 70: NOTRE DAME)

71

```
S C R A W L ■ B E R E T S
■ O ■ Z ■ O ■ A ■ I ■ O ■
E N H A N C E S ■ F O X Y
■ S ■ L ■ U ■ I ■ L ■ I ■
M E R E ■ S O L V E N C Y
■ Q ■ A ■ T ■ ■ ■ O ■ ■ ■
B U R S T S ■ D A W D L E
■ E ■ ■ ■ E ■ O ■ O ■ ■ ■
I N S I G N I A ■ R A G S
■ T ■ N ■ E ■ R ■ K ■ I ■
J I L T ■ E Y E P I E C E
■ A ■ E ■ D ■ S ■ N ■ A ■
B L U R R Y ■ T O G G L E
```

72

```
A Q U A R I A ■ A B B O T
S ■ N ■ U ■ B I B ■ L ■ I
S A W M I L L ■ A V O I D
E ■ R ■ N ■ E A T ■ C ■ Y
T O A D ■ P ■ E L K ■ I ■
■ P Y R A M I D ■ S U N ■
N ■ E ■ W ■ T ■ J ■ G ■ ■
O F F ■ E N V E L O P ■ ■
U ■ O W L ■ M ■ G R I M ■
G ■ L ■ I O N ■ Z ■ E ■ A
H E L I X ■ U S E L E S S
T ■ O ■ I N N ■ R ■ N ■ K
S E W E R ■ S P O U S E S
```

73

```
N E S T S   Z I G Z A G S
A   T   A   O   A   X   P
P O R T I C O   S H E A R
K   E   N       T   A
I N E R T I A   R U S T Y
N   T   R   I   U   S
  A C Q U I E S C E N T
B   A   P   A   S   J
E U R O S   S T A R T L E
H   U       T   R   W
A M B E R   P R O V O K E
L   A   G   L   M K   L
F O R G E R Y   S E E D S
```

74

```
S U B J E C T   J O U S T
N   A   U   W   P   Y
C I R C U M V E N T I N G
Q   K   I   A       T
H U S B A N D S   M O A T
E   O       E   O   X
    F O O T P L A T E
G   T   I   O   U
B A Y S   E X P I R I N G
Z   P   E   W   T
Q U E S T I O N N A I R E
M   O   N   A   Y   U
S P I N S   B L E S S E S
```

75

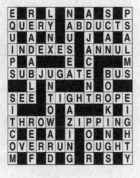

```
E   R   L   N   A S   P
Q U E R Y   A B D U C T S
U   A   N   U   J A   A
I N D E X E S   A N N U L
P   A       E   C     M
S U B J U G A T E   B U S
    L   N       N O
S E E   T I G H T R O P E
I   O   A   K   I
T H R O W   Z I P P I N G
C   E   A   I   O N   H
O V E R R U N   O U G H T
M   F   D   G   R S   Y
```

76

```
  E M B A R K S   S W I M
C   E   C   E   U   E   I
O B L I Q U E   N Y L O N
N   O   U   N   F   F   X
C O N G A   L L A M A S
E   I   Y   V   R   S
A C H I N G   P O T E N T
L   A   T   F   U   O
  U N F A I R   R A R E R
S   D   N   I   A   E   E
M U S I C   E M B A S S Y
U   A   E   Z   L   E   S
G O W N   R E J E C T S
```

77

VERMILION

78

79

80

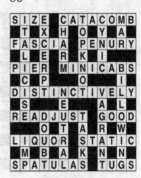

81

82

83

84

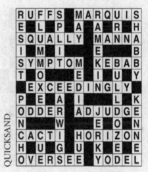

QUICKSAND

85

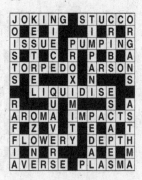

86

87

88

The Times Codeword

89

90

91

PALLADIAN

92

93

```
U S U R P _ J U M P S
N _ S _ A _ I _ _ T
I C I L Y _ U N C L E
N _ N _ _ N _ R _ W
V E G E T A T I O N _
I _ _ O _ _ C _ _ H
T A C K L E D _ H A Y
I _ I _ L _ R _ I _ P
N O R _ S H A M P O O
G _ C _ _ M _ _ C
_ Q U I Z M A S T E R
T _ I _ O _ _ R _ I
O U T D O _ E X A L T
G _ R _ M _ L _ I _ E
A B Y S S _ F U N D S
```

94

```
A _ P _ S _ E _ E _ J
W H E L K _ V O D K A
A _ N _ I _ A _ G _ C
I D I O T I C _ Y A K
T _ N _ S _ U _ _ D
E L S E _ C A M E R A
D _ U _ S _ T _ X _ W
_ E L O Q U E N C E _
U _ A _ U _ D _ H _ F
S T R A I T _ R A Z E
U _ _ R _ D _ N _ E
A L L _ T W I G G E D
L _ A _ I _ S _ I _ I
L E M O N _ C A N O N
Y _ B _ G _ S _ G _ G
```

95

```
_ J _ C _ D _ A _ E
H A L O _ A F F I X
_ U _ N _ M _ R _ C
S N I F F S _ E E L S
T _ O _ E _ S _ U
_ S Q U E L C H E D _
_ N _ S _ _ _ E
S W E D E _ T W I S T
I _ C _ H _ _ _ _
Z O O L O G I S T _
A _ P _ W _ S _ H
D R O P _ B A K E R Y
D _ O _ O _ I _ I
_ R A S P Y _ N A V Y
Y _ E _ S _ G _ E
```

96

```
O V E R C O M E _ _ W
P _ N _ O _ O _ K _ E
A B H O R _ S E I Z E
L _ A _ D _ Q _ N _ K
S I N S _ T U R G I D
_ _ C _ A _ I _ _ A
B L E E P _ T A S T Y
A _ _ P _ O _ A _
W A F T E D _ I N N S
D _ A _ N _ A _ C _ T
I R K E D _ J E T T Y
L _ E _ I _ A _ U _ E
Y _ _ E X T R E M E S
```

97

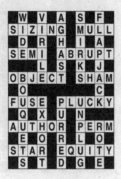

98

ZINFANDEL

99

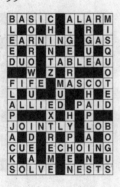

100

101

102

103

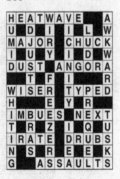

104

105

AEROSMITH

106

107

108

109

110

111

112

GEARSTICK

113

114

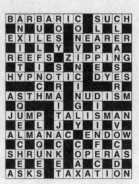

115

116

117

118

119

120

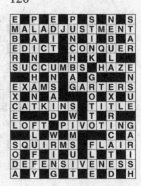

RIGOLETTO

The Times Codeword

121

```
H I J A C K E D   V E T O
E   E   R   D   X   U
A N A B O L I C   A C T S
D   N   W   T   F   E   T
B U S K   M O L L U S C S
A   P   R   O   S
N A G G E D   A L I B I
G   R   N I G H T   V   N
I R O N   S   E   Z E S T
N   T   S H E A F   L   E
G U E S T   P R A Y E R
  S   O   U   Y   V
A C Q U A I N T   A N T I
D   U   T   T   U   O   E
A G E D   C R O S S B O W
P   L   U   E   L   E
T O Y S   H E A D G E A R
```

122

```
J O Y O U S   E X P E C T
  I   F   A   G   R   R
C L E F   D I G   O V A L
    A       O   Z
S V E L T E   P U F F I N
  O   M   I   L
S W I N G I N G   B U Y S
  E   O   T   S   I
O D O U R   U N I F Y
  N   Z   S   G   L
L E G S   O R T H O D O X
  Q   O   A   R
Q U I R K S   B A N T A M
  A   A   E
S T U B   W H O   V A M P
  E   B   I   R   E   A
A S K I N G   B E R E T S
```

123

```
D I P S T I C K   M E S H
E   I   U   L   X   O
G A Z E T T E S   E C H O
E   Z   U   R   J   L   K
N E A T   L I Q U E U R S
E       E   C   M   S
R I B A L D   P R I G S
A   U   F A N C Y   V   T
T O L L   U   O   Z E R O
E   L   A B O V E   L   N
D E F E R   E N Z Y M E
  I   I   A   D   W
M I G R A I N E   A R E A
A   H   S   N   G   E   S
P I T H   B E Q U E A T H
L   E   X   L   L   E
E R R S   P E R F U M E D
```

124

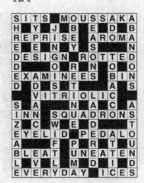

```
S I T S   M O U S S A K A
H   Y   J   B   E   D   B
R E P R I S E   A R O M A
E   E   N   Y   S   N
D E S I G N   R O T T E D
D   O   R   N   O   O
E X A M I N E E S   B I N
D   D   S   T   A   S
  V I T R I O L I C
S   A   N   A   C   A
I N N   S Q U A D R O N S
Z   C   W   E   D   T
E Y E L I D   P E D A L O
A   F   P   R   T   U
B L E A T   U N E A T E N
L   V   L   M   D   I   D
E V E R Y D A Y   I C E S
```

125

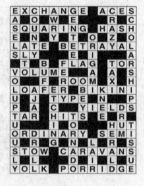

126

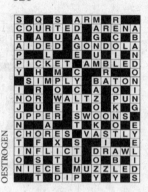

OESTROGEN

127

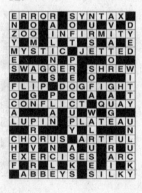

128

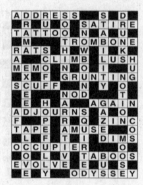

The Times Codeword

129

130

131

132

133

```
A L B U M   D A M S E L S
P R   O   A   I   X   Y
P L A Y B O Y   S P A W N
A   V   S   K   S   O
L O A N   U N Z I P P E D
S   D   E   O   C   E
  W O O D W O R K   R A T
S     I   S   A   H
C R U M B   E Q U A T O R
O   N   L   N   E   U
R E F R E S H   W I S P S
C   O   O   I   S   T
H E R   J U V E N I L E
G   A   E   D   O   O
R A I L C A R D   C R U X
I   V   U     I   R   Y
F R I Z Z   J U D G I N G
T   N   Z   A   E   E
S I G N I F Y   A R S O N
```

MALADROIT

134

```
F O R W A R D S   E P I C
A   E   M   I     A   O
S I G N P O S T   A N O N
C   R   S   T   H   D   S
I T E M   A U T O M A T E
A R T   R   W     Q
  I   A   A B L E   F L U E
P O U N D S   V   L   E N
R   T   H A L E   E   N
O N L I N E   E R R A N T
T   A   U S E D   O   L
E   Z   R   G L O S S Y
C R Y   S O L E   K   H
T   I   Y     B U T
I N F A N T R Y   W I T H
V   R   G   I   J   S   U
E X I T   A C C U S T O M
L   L     A   R   R B
Y E L P   P L A Y B O Y S
```

135

```
C   H   W   S I T   A
I M A G E R Y   R E L I C
C   L   P   R   U   K   A
A F O O T   U N C H A I N
D   U   P   K   L   D
A B A T E D   A S P I R E
S   D   X   R   E   L
  S A L U T E   S A M B A
I   P   L   Q   U   B
L O T   T H U M B   F U R
L   E   I   S   F   A
U N D I D   E L I X I R
S   O   M   D   N   F
T A U N T S   V E S S E L
R   N   R   E   A   Y
A D J O U R N   T W I L L
T   U   E   V   U   N   E
E A S E S   O R G A N Z A
  T   T R Y   S   S   F
```

136

```
S T I F F   J A U N T Y
K   N   R   A   L   R   S
I C E   E X P E C T A N T
L   P   N   E   E   M   A
F I T T E R   D R O W S Y
U     T   E     A
L I Q U I D S   T R Y S T
  U   C   T   I     O
G O O D   A A R D V A R K
A   T   T   B   E   L   E
F L E X I B L E   S T U N
F   D   I   O   A
E N J O Y   S E V E R A L
O     H   E     O
B L I N D S   C R Y I N G
O   N   E   P   U   N   B
B L I Z Z A R D S   A D O
S   N   E   E   N   O
  A G E N C Y   S P E C K
```

137

```
S H R I M P S · · E · U
· Y · M · U · B O X I N G
D E E P E N · R · C · S
· N · · C A U S E W A Y
L A V A · T · S · P · F
I · B O U G H · · T H E Y
D R A B · A · W · I · E
E · O · L O O K O U T S
B L I T Z · · R · N · O
A · T · J · N · · · · M
· T · I R K · · E J E C T
S E Q U E N C E · A · A
O · D · O · X · I O T A
W I N G · V O C A L · U
· R · E · A · E · S U L K
C O M M U T E R · · U ·
· N · E · O · P L Y I N G
L E A N E R · T · O · A
· D · T · · E S Q U I R E
```

138

```
· O P T I M I S T S · ·
· W · R · N · R · O · U
S H O O T S · E Q U I P S
· E · J · I · · · C · O
M E R E · S Y M P H O N Y
· Z · C · T · A · D · ·
P E T T Y · T H R O U G H
· · E · F · O · W · U ·
S K I D D I N G · N E A T
· N · · N · A · A · V ·
C O W L · A M N E S I A C
· W · U · N · Y · A · ·
I N E X A C T · F L Y E R
· · E · B · V · X · ·
C H A R I S M A · A C H E
· U · I · N · G · A ·
S E N A T E · I C I C L E
· S · T · G · S · N · E
· · H E D G E H O G S · ·
```

139

```
T O P P L E · S T A K E S
A · H · I · · H · H · P
G R O V E S · B A Z A A R
G · T · S T R A W · K · A
I C O N · I · R · C I T Y
N · · E · M A R · E
G A T E A U · A M A Z E D
· V · D · L · C · W · X
J E T S · I N K · L O C K
· N · · · O · · · · · L
Q U I Z · O R E · B R A Y
· E · O · C · X · U · I
E S C O R T · E N I G M A
N · M · A R C · L · Q
H I T S · G · U · T O F U
A · O · A O R T A · C · A
N A P K I N · E F F E C T
C · I · L · · A · A · I
E X C E S S · I R O N I C
```

140

```
P O S Y · I D L Y · S P A
H · H · A · O · O · P · M
Y I E L D E D · K O A L A
S · L · J · O · E · T · Z
I N F L U X · B L O U S E
C · · S · D · · L · M
I N E R T · I N F L A M E
S · R · · S · I · · · N
T R A F F I C · F I R S T
· · S · U · L · T · E
C L E A N · A B Y S M A L
O · · G · I · · I · · A
U R A N I U M · O P T I C
N · B · · S · N · · · E
T H R O B S · L I Q U O R
D · E · U · E · O · N · A
O V A L S · C O N V I C T
W · S · K · H · S · T · E
N I T · S L O G · E Y E D
```

141

```
E G O I S T   S H E L V E
R   D   R   M   X   I
C A P Y B A R A   I N T O
  N   L   P   R   L   I
I D O L   E N T R E N C H
  I   I   Z           U
C L O C H E   G O B B L E
  O       E   L   T
S Q U A D R O N   O N U S
  U   S   E   W   R
J E E P   P A R A F F I N
  N   I   L   I   L   S
S T O C K Y   C O Y O T E
```

142

```
B A N N O C K   D O G M A
L   A   V   OWE R   B
I M P E A C H   A Z U R E
S   A   L   LAD M   Y
S O L O   B   L O P   A
    M A J E S T Y   Y E N
S   F   A   B       T
T E A   Q U A N T U M
R   G N U   K   S O O T
E   E   I N N   A   T
T E N O N   E L U S I V E
C   D   COX R   V   N
H E A V E   T R A G E D Y
```

143

```
C O P S E   L U M P I S H
O   R   X   A   O   C   A
B R I S T L Y   D O Y E N
N   N   R   I       G
U N C L A S P   C R A Z E
T   I   I   U   T   R
  A P P R O X I M A T E
T   A   O   I   E   E
A L L O W   E Q U I N O X
R   L   P   T   C
I G L O O   J U S T I C E
F   E   C   A   E   V   P
F L I C K E R   T H E F T
```

144

```
R O T A T O R   Q U A S H
R   U   P   D   R   T
I N E X P E R I E N C E D
A   I   R   K   E
S T A L W A R T   I D L E
E   I   A   N   Y
  T A L K A T I V E
F   R   L   E   D
O R G Y   A B S E N T E E
E   X   T   T
D E N D R O L O G I C A L
Z   U   N   M   O   I
J E W E L   S P A N G L Y
```

INGLENOOK

149

```
W A S S A I L   J A Z Z Y
  L   W   M C   I   I
C I N E M A T O G R A P H
  G   E   G R       P
S H U T D O W N   E V E N
  T   E       E   X   R
    A N N O Y A N C E
  Q   E   B       L E
P U R R   E F F L U E N T
  I       L   O   S   D
T R A N Q U I L L I S E R
  K   I   S   I O   A
S Y L P H   C O U N T R Y
```

150

```
I B I S   P L A T F O R M
  A   Q L   R   O   O
I N D U C E   C O R T E X
  Q   E   A H G
D U K E   D I A L O G U E
  E   Z       I   N
S T E E P L E C H A S E R
  T   U       D X
N E W C O M E R   J A P E
    E   B   E   U   I
D A H L I A   B I N A R Y
  P   L   G U   C   E
V E N O M O U S   T I D Y
```

151

```
F R E T   A P P A L
I   X   E   I   L W
L O T   P U Z Z L E R
L   E O   Z   O   E
  A N O N   A T T I C
  S   Y Z       K
S K I   M A Z U R K A
Y   O   W     E   G
B A N Q U E T   C U E
A   N   H   E
R A B B I   R O S Y
I   R   F O   S   D
T R I C O R N   I C E
E   C   R G   V   F
  S K I M P   J E S T
```

152

```
R O W A N   I N C U S
A   O   I M   H   C
P A R S N I P   A S H
I   K   E A   F   M
D I P   T E S S E R A
  L   Y   T       L
S N A G   C O B A L T
E   C   R     V   Z
Q U E A S Y   J U R Y
U       O B   N
E S T U A R Y   C U P
S   O   P W   U   I
T O T   B O O T L E G
E   E   E O   R   G
R E M I X   D I R T Y
```

153

154

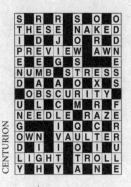

155

156

157

158

159

160

161

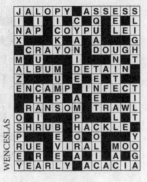

WENCESLAS

J	A	L	O	P	Y		A	S	S	E	S	S
I		I		I	C		Q		E		L	
N	A	P		C	O	Y	P	U		L	E	I
X			K		A		A		G		I	
	C	R	A	Y	O	N		D	O	U	G	H
M		U			I			N			T	
A	L	B	U	M		D	E	T	A	I	N	
Z			U		E		E		T			
E	N	C	A	M	P		I	N	F	E	C	T
	H		P		A		E				I	
	R	A	N	S	O	M		T	R	A	W	L
O	I			P			L			L		T
S	H	R	U	B		H	A	C	K	L	E	
P		E		O		O				I		Y
R	U	E		V	I	R	A	L		M	O	O
E		R		E		A		I		A		G
Y	E	A	R	L	Y		A	C	A	C	I	A

162

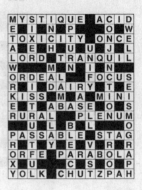

M	Y	S	T	I	Q	U	E		A	C	I	D
E		I		N		P			O		O	W
T	O	X	I	C	I	T	Y		O	N	C	E
A		E		H		U		U		J		L
L	O	R	D		T	R	A	N	Q	U	I	L
W			M		N			I		N		
O	R	D	E	A	L		F	O	C	U	S	
R		I		D	A	I	R	Y		T		E
K	I	S	S		M		A		M	I	N	I
E		T		A	B	A	S	E		O		S
R	U	R	A	L		P	L	E	N	U	M	
			U		B		L					O
P	A	S	S	A	B	L	E		S	T	A	G
R		T		Y		E		V		R		R
O	R	F	E		P	A	R	A	B	O	L	A
X		U			C		S		O		P	
Y	O	L	K		C	H	U	T	Z	P	A	H

163

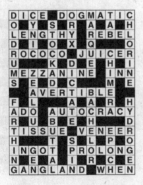

D	I	C	E		D	O	G	M	A	T	I	C
O		Y		S		R		A		A		H
L	E	N	G	T	H	Y		R	E	B	E	L
D			I	O		X		Q		L		O
R	O	C	O	C	O		J	U	I	C	E	R
U			K		D		E		H			I
M	E	Z	Z	A	N	I	N	E		I	N	N
S		E		D	C		M			E		
	A	V	E	R	T	I	B	L	E			
F		L		A		A		A	R		H	
A	D	O		A	U	T	O	C	R	A	C	Y
R		U		B		E		H			D	
T	I	S	S	U	E		V	E	N	E	E	R
H			T		S		L		P		O	
I	N	G	O	T		P	R	O	L	O	N	G
N		E		A		I	R		C		E	
G	A	N	G	L	A	N	D		W	H	E	N

164

M	O	L	A	S	S	E	S		F	I	V	E
	R		B		I		O		R		E	
M	I	C	R	O	N		M	U	E	S	L	I
	G		O		K		N		E		V	
T	A	N	G	Y		S	I	Z	Z	L	E	R
	M		A		J		L		E		T	
V	I	R	T	U	O	S	O		R	E	E	F
	O		U		Q							E
B	E	A	R	E	R		U	N	W	I	N	D
X			N		I		O					
S	P	A	M		A	S	S	E	M	B	L	Y
U		Y		L		T		A		E		
D	R	A	S	T	I	C		S	N	E	A	K
G		T		S		U		H		K		
S	A	D	I	S	T		L	O	O	F	A	H
T		F		I		N		O		G		
R	E	L	Y		C	H	A	N	D	L	E	R

165

```
O B J E C T O R   B A S K
A   X   I   E   A   A
U N I P O D   V A N I T Y
D   O   Y   U   D   I
F E M U R   L E N I E N T
A   N   S       C   E
Q U A D R A N T   O A T H
I       N   A   O   T
I S L A N D   L I T T E R
O   B   A   E   W
S C U D   L O N E S O M E
I   O       T   A   E
P A L M I S T   S P U M E
L   I   C   O   L   E
W I N N E R   P L I A N T
T   A   I   A   N   T
Z E A L   P O L Y G L O T
```

166

```
D O Z E   H U T   Q U I P
W     L A Y   Y O U     L
A N T I   M   P   I O T A
R   T I N F O I L   I   N
F U M E   A       T U S K
    I   B A L S A   N
D E N S E   S   B E A R D
U   I   D R E A D   B   E
C O S   R       O   A R C
A   K   O A K U M   S   O
T R I L L   E   E T H E R
    R   L I N E N   E
D A T A   D       I D O L
U   S O J O U R N   U
N E X T   O   P   E V E N
C     I L L   O U R     G
E W E R   T O N   T I L E
```

167

```
S Q U A L L   G I N K G O
U   L   O   A   O   L
J A M B   Z A P   R U I N
R   E       K       T
S K U A   N U B   S I Z E
    R   G   R Q
S T Y M I E   O C U L A R
W       O       I   G
M I S S   M U M   D R I P
S   A   A   A       L
E T H N I C   F O R G E T
    D   A   I   O
T H E Y   W A X   B U F F
A       T       R
O V A L   F L U   B L U R
O   E   E   R   E   M
O C T A V E   E X E M P T
```

168

```
S E X T E T   R A K I S H
K   H   O   O   H   E
S E M I   T H E   A R M Y
E       K   O       I
C U R F E W   S K I N N Y
N   N   H   O       A
C I V I L I T Y   T E R M
T   D   P   A   O
L Y R I C   G R A P H
O   Z   M   S   H
S T E M   O X Y M O R O N
E   N   T       T
E Q U A T E   H Y S S O P
U   L   C
K I L O   A I D   O U S T
L   N   X   U   W   P
J A N G L E   B A L S A M
```

FARMHOUSE

The Times Codeword

169

Grid 169 solution:

```
B A   A R S   S G
E X P E D I E N T   P E A
E   E D   I   R   U L
F I X E R   G R A N D M A
Y   E   N T   X
  O B E S E   R U N W A Y
A   E S   S   M O
M O Q U E T T E   C L A M
I   U E   R K F O
D U E L   D I V I S I O N
  S   R   P T S K
J O T T E R   I T C H Y
E   L   M   I   B
S Q U E E Z Y   W A V E R
T   R   A N   A E U
E G G   S L A C K N E S S
R   E E H   E R H
```

170

Grid 170 solution:

```
S   A S V Q   S   A
K N U C K L E D U S T E R
E   T I X   A Y   E
T R O U T   A L F A L F A
C   C   T   F U
H A R D S H I P   I S L E
A   L   O S   I
M I T R E   N O T E P A D
A   I A   U O E
J A C U Z Z I   P O L A R
O   Y N   O Y
R O B E   I N T R E P I D
  E S U   H A
W A T T A G E   S T O I C
H   I L   N T N T
I N D I V I D U A L I T Y
T   E E O Y C L
```

171

Grid 171 solution:

```
M U S Q U A S H   D E E D
A   E G E   Q O
R E V E L L E R   B U Z Z
S   E Y K J I E
H U N K   B E H O L D E N
M   H R L I
A S S A I L   L I S L E
L K   S I X T Y   T V
L O U D   D H   M A M A
O L   Z O N A L   N N
W E D G E   N E T T L E
  U B Q E   S
V I G O R O U S   T A L C
I   G A A S L E
R E E D   F R I C T I O N
U R   T A B C
S T Y E   H O R N P I P E
```

172

Grid 172 solution:

```
T I T C H Y   S Q U A S H
  T O A   O D U
T S A R   P I T   D E B T
  G G   E J
R E V I E W   M A R K E R
  D   E U   C
W I N N I N G S   V O T E
  C A D   H I
S T O N Y   P O L Y P
  N S A L L I
E S P Y   T A X P A Y E R
  Q A A L L
R U M O U R   E M B O D Y
A X   L
G L I B   H U M   E A S T
O O A A A K
F R O W Z Y   C A T K I N
```

173

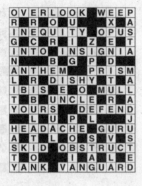

174

175

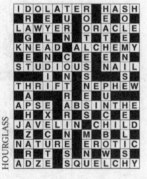

176

HOURGLASS

177

178

179

180

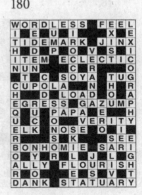

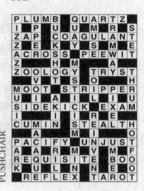

PUSHCHAIR

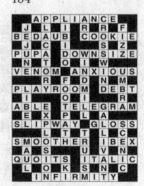

The Times Codeword

185

```
B E D L A M   J O Y O U S
U   R   V     V   U     L
F L A X E N   S E E T H E
L   I   R O W A N   E   I
A U N T   X   T   D R U G
L     H   I T S   U     H
O V E R D O   U T M O S T
  I   O   U   M   P   T
D R U B   S E A   Y E A R
  T     G         M
Q U I P   P O P   V E I L
A   I   I   U   O   N
F L I G H T   Z O D I A C
L   G   F E Z   K   O
A R T Y   A   L   A T O M
C   E   S L E E K   U   F
C A N C E L   R E C T O R
I   S   E     E   O   E
D R E A R Y   S P O R T Y
```

186

```
D U M B   L A V A   S P A
I   O   W   U   M   M   P
V O U C H E R   B L I M P
E   R   E   A   E   T   L
R U N N E R   W R I T H E
S     Z   T     E   J
I M P L Y   H O S A N N A
T   E   U   A     C
Y A R D A R M   T H I N K
  I   P   B     I   N
I D L E R   T U N E F U L
S   Q     O     E   U
O C E A N I C   B O R A X
S   Q     K   L     U
C A U S A L   B U R G E R
E   A   B   S   R   R   I
L O B B Y   T O R N A D O
E   L   S   U   Y   S   U
S U E   S I N G   O P U S
```

187

```
W E I R D O   V I L I F Y
X   O   B   I   I   U
Q U I T   S U M   P O R K
L   C     T     Z
S T A Y   E B B   E V E N
O   N   E   X
A S S U M E   Z E P H Y R
C   E   E   U
P A N G   A L L   L O C H
R   H   C     C
U P R O A R   P O S T A L
U   I   R   A
E V I L   D U E   D O C K
A     P     O
F L U E   V I A   O N Y X
I   M   E   R   U   P
A D J U S T   E A R F U L
```

188

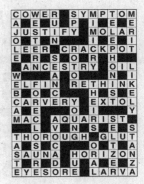

```
C O W E R   S Y M P T O M
A   E   U   P   I   E   E
J U S T I F Y   M O L A R
O   T   N     I   E   I
L E E R   C R A C K P O T
E   R   S   O   R   H
  A N C E S T R Y   O I L
W     A     O     N   I
E L F I N   R E T H I N K
B   O   C     H   S   E
C A R V E R Y   E X T O L
A   E     O     I   Y
M A C   A Q U A R I S T
L   V   N   S   E   S
T H O R O U G H   G L U T
A   S   C     O   T
S A U N A   H O R I Z O N
T   R   D   U   A   E   Z
E Y E S O R E   L A R V A
```

189

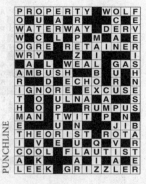

190

191

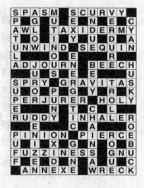

192

193

```
  R E I N S T A T E
Q X A   H H   U
O U T P U T   E X E M P T
  O   I   I   R   O
A R E A   V I L L A I N Y
U   T   E     I   P
A M B I T   E T H I C A L
    O   P   T   S   T
S C E N A R I O   T U T U
R     O   R       I
C A L L   F L A P J A C K
Z   A   O   L   O
T E N U O U S   A B U Z Z
  D   N   S   S   O
H E R A L D I C   W I M P
S   T   A   O   B
S P R O U T   M O R B I D
Y   R   U   P   T   E
  E Y E B R I G H T
```

194

```
B U M B L E   C A C T U S
U   A   E   R   A   E
L A C U N A   K I B B L E
G   R   S Q U I D   O   D
I C O N   U   L   C O M B
N   A   E L L Y   Y   E
G H E T T O   J O C U N D
Y   T   U   O   L   O
E D D Y   S T Y   E N V Y
R       R     E   E
D A T A   C A D   O I L Y
T   L   U   I   C   L
C E R E A L   O U T L A W
H   R   V E X   E   R
O U S T   E   I   T R E E
P   C   T R A D E   E   A
P R O F I T   E L I C I T
E   U   C       A   T   H
R E T A K E   S N O O Z E
```

195

```
M O O N   S N I P   G Y M
A   A   O   E   O   O
J U K E B O X   T E N E T
O   U   L   T   E D   O
R A M R O D   A R M O U R
E     N   A   L     B
T W A N G   B R A V A D O
T   L   A   T   A
E P I T H E T   L I M I T
    E   A   E   A   A
D I N E R   M I S T Y P E
O   E   E   E   O   L
W O R K M A N   C U R I O
N   E   T   R   Q
S A S H A Y   L A N D A U
H   T   B   S   D O   E
I M A G O   P O L Y G O N
F   R   D   U   E   M   C
T A T   E U R O   F A Z E
```

196

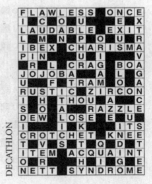

DECATHLON

```
F L A W L E S S   O N C E
I   C   O   U     E   X
L A U D A B L E   E X I T
L   M   N   P O U R   R
I B E X   C H A R I S M A
P I N   U   I     V
  R   L   C R A G   B O A
J O J O B A   A   L   G A
U   F   T R A M   O   A
R U S T I C   Z I R C O N
I   H   T H O U   A   C
S O A   R A Z Z L E
D E W   L O S E   E   U
I   I   K     I T S
C R O T C H E T   K N E E
T   V   S   T   Q   D   T
I T E M   A C Q U A I N T
O   R   H   I     G   E
N E T T   S Y N D R O M E
```

197

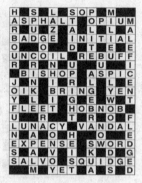

198

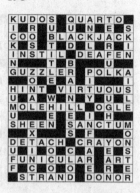

199

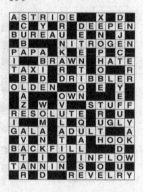

200